倾城

QING
CHENG

民国名媛的爱情

陈宁骏 林滟茹 编著

团结出版社

图书在版编目（ＣＩＰ）数据

倾城 / 陈宁骏，林滟茹编著． -- 北京 ：团结出版社，2020.8

ISBN 978-7-5126-7800-2

Ⅰ．①倾… Ⅱ．①陈… ②林… Ⅲ．①女性－名人－生平事迹－中国－民国 Ⅳ．①K828.5

中国版本图书馆CIP数据核字(2020)第045285号

出　版：团结出版社

（北京市东城区东皇城根南街84号　邮编：100006）

电　话：（010）65228880　65244790　（出版社）

（010）65238766　85113874　65133603（发行部）

（010）65133603（邮购）

网　址：http://www.tjpress.com

E-mail：zb65244790@vip.163.com

fx65133603@163.com（发行部邮购）

经　销：全国新华书店

印　装：三河市东方印刷有限公司

开　本：147mm×210mm　　32开

印　张：10.25

字　数：227千字

版　次：2020年8月　第1版

印　次：2020年8月　第1次印刷

书　号：978-7-5126-7800-2

定　价：39.80元

前言

在中国数千年的历史长河中，爱情和婚姻，从来都是历久而弥新的话题。男女择偶，亦可以折射出每一个历史时代的价值标准，民国时期也不例外。这是一个东西文化碰撞、新旧思想交融、才子佳人辈出的独特历史阶段。婚恋方式由传统的父母包办、媒妁之言向自由恋爱转变，不同思想倾向构建出不同的理想婚恋观。"退婚""私奔""同居""离婚"等现象开始得到社会同情默认。通过婚恋，女人开始追求各个领域的平等权利和个性自由。"民国民媛"，仿佛是那个时代最为绮丽的风景。

何谓"名媛"？广义地说应该就是有名的女人吧。她们因何而名呢？有的因美貌，有的因才学，有的因家境，也有的是因恋爱对象极负盛名从而"妇以夫贵"，也有的是因一两件"壮举"而声名鹊起。从区域范围上说，也可分为全国、地区、市、县或者学校。和现在一样，名门闺秀、富家千金以及电影、体育明星更容易成为人们聚焦的人物。

民国名媛们，不仅是时代的骄子，也是社会的一分子，她们的生活轨迹离不开新文化和旧世俗的影响。她们有的系出名门，为大家闺秀，是家庭的宠儿；有的虽出身平凡，但经后天努力，脱胎换骨，成为众人瞩目的对象。她们的择偶标准，和现在一样，不外乎地位、财力、家境、年龄、相貌、学历等等，只是排序各有差异，这些条件不但是众名媛婚恋的砝码，也是后来影响婚姻质量的因素。

名媛的爱情往事融合了一个时代女性成长的悲欢离合。她们有的在情窦初开之时，就嫁得如意郎君，夫唱妇随；有的受父母家庭包办，早婚、闪婚，却不幸福；有的讲求门当户对，却贻误青春；有的为了爱情，苦苦追求，阴错阳差，成了"剩女"；有的几度离合，终成眷属，白头偕老；有的为了生计，误嫁负心汉；有的迫于势力，委曲求全；有的为情所困，一蹶不振，香消玉殒；有的为事业，终身未嫁；有的历经坎坷，红颜薄命；有的纨绔沉沦，玩世不恭，混世度日，甚至于仇视社会……

爱情是个永恒的话题，长久不衰。婚姻就像人生道路上的收费站。这个收费站主要收的是"感情"。有的人走对路，一生只过了一个收费站；有的过了几个，终于找到了要走的路。当然，也有的另辟蹊径，绕过收费站，人生一样精彩。

本书精选了民国时期有一定知名度、有一定影响力、有一定代表性的名媛四十余人，主要讲述了她们的恋爱、婚姻和成长经历，结合当今社会热门的"婚恋""剩女"等话题，以期使人可以从中悟出一些深刻的道理。

名媛们如何排序，是个难题。以姿色？以地位？以名望？都不合适，还是以年龄较为客观些。本书大致以出生时间，结合涉及人物关系为序，既可独立成章，又能相互关联。

愿天下有情人终成眷属，也愿成眷属的有情人、有缘人，终得婚姻幸福！

倾城

目录

吕碧城

坚定的单身主义者

吕碧城生于 1883 年，其父吕凤岐曾任国史馆协修、玉牒纂修、山西学政等职，家有藏书三万卷。书香之家的熏陶，使吕碧城聪颖而早慧。吕碧城不仅是大才女，而且是大美人。曾有人用"天然眉目含英气，到处湖山养性灵""冰雪聪明芙蓉色"等诗句形容她的美貌。

吕碧城 9 岁时便与山西太原同邑一汪姓乡绅之子订婚。吕碧城 13 岁时，父亲病逝，虽然众女儿才高八斗，但是因为没有子嗣，不能算"有后"。族人霸占她家全部家产，并唆使匪徒将其母强行幽禁。幼小的吕碧城四处求人告援，囚禁多日的母亲才得以脱险。汪姓"夫家"感到吕碧城小小年纪就有如此能量，日后过门恐怕难以管教，提出退婚。

女子被退婚在当时是不光彩的奇耻大辱。这段痛苦的经历，在吕碧城幼小的心里留下了深刻烙印，并最终成为难以抚平的创伤。吕碧城自此萌发了对封建制度的无比痛恨。强烈的自尊心不但使吕碧城挺过了艰难，也成为她终身未嫁的一个原因。

吕碧城的母亲带着 4 个尚未成年的女儿，投奔于亲戚，开始寄人篱下的生活。戊戌变法之后，因不满闺中书艺墨魂、粉黛丝竹的生活，20 岁的吕碧城于 1903 年想到天津"探访女学"。外甥女要入新学，遭到守旧舅父的严词骂阻，说女孩家应在家中"恪守妇道"。吕碧城十分激愤，第二天便逃出家门，踏上开往天津的火车。吕碧城写信给在《大公报》报社工作的友人，述说自己的经历和来津的种种情况，情真意切地寻求援助。

这封信恰巧被《大公报》总经理兼总编辑英敛之看到了，惜才爱

吕碧城与天津《大公报》总经理英敛之夫人（坐者）的合影

才的英敛之对吕碧城的胆识甚为赞赏，决定邀请她担任《大公报》见习编辑，让她搬到报馆居住。吕碧城因祸得福，到天津没有上成"新学"，却自此成为我国新闻史上第一个女编辑，并开始走上独立自主的人生之路。

才女吕碧城到《大公报》仅仅数月，所发表的格律严谨、文采斐然的诗词就颇受前辈们的赞许。1904年至1908年，吕碧城出任《大公报》主笔，锦绣文章频频面世。她与两个姐姐吕惠如、吕美荪一样，均以诗文闻名于世，号称"淮南三吕，天下知名"。

吕碧城常常出现在各种聚会上，人们对这个有思想的美女刮目相看。当时各界名流纷纷追捧吕碧城。有诗赞说："飞将词坛冠众英，天生宿慧启文明。绛帷独拥人争羡，到处咸推吕碧城。"用吕碧城自己的话说："由是京津闻名来访者踵相接，与督署诸幕僚诗词唱和无虚日。"

吕碧城发表了大量兴女权、倡导妇女解放的诗文。1904年11月17日，北洋女子公学正式成立并开学，吕碧城出任总教习（教务长）。两年后添设师范科，更名为北洋女子师范学堂，时年23岁的吕碧城接替傅增湘出任监督（校长）。这样年轻的女校长，当时全国也是绝无仅有。许多在此学习的女生后来都成为中国杰出的革命家、教育家、艺术家，如邓颖超、刘清扬、许广平、郭隆真、周道如等，她们都曾亲聆过吕碧城授课。在沉寂的中国大地上，吕碧城为女性的整体觉醒播下了一粒粒希望的种子，成为女学教育的先驱。

1907年，秋瑾被捕，身为闺蜜的吕碧城也被牵连入狱。袁世凯的二公子袁克文看过吕碧城的文章，也崇尚新革命思潮，遂求父亲营救。袁世凯对吕碧城的文章也很欣赏。吕碧城就此脱罪，并与袁克文结下不解之缘。

袁世凯任大总统后，吕碧城进入新华宫担任大总统的公府机要秘书。此后，吕碧城在与袁克文交往中，寂寞的情感得到几许慰藉。风流倜傥的"寒云公子"早就爱上了这位比他大7岁的才女，经常作词写文传给吕碧城；而吕碧城早闻这个小袁颇有才名，今见他的诗词情致，也"心有所感"，于是两人时相唱和，并有了交往的机会。两人

1918年，吕碧城前往美国就读哥伦比亚大学，攻读文学和美术，兼任上海《时报》特约记者，将她在美国的见闻讯息传递给中国

诗词、信件不断，却难以再深一步加深关系。

有人撮合两人。吕碧城却说："袁属公子哥儿，只许在欢场中偎红偎翠耳。"原来，吕碧城只是把他当作可以结交的朋友，倘若谈婚论嫁，袁公子的风流表现并不能让她托以终身。

吕碧城在天津师从严复时，驻日公使胡惟德刚刚断弦，欲再续娶一位夫人，严复、傅增湘从中撮合，被吕碧城拒绝。当时追求吕碧城的人很多，但吕碧城看得上的却没几个。30岁时，吕碧城向比她大3岁的现代仙学创始人陈樱宁学道，当时双方交往十分密切，也曾相互倾慕，心仪不已。但这一段良缘随着吕碧城出国便没有了下文。另外，据说《大公报》主编英敛之，十分爱慕吕碧城，甚至引起了英夫人的误会。1917年，吕碧城游庐山时，邂逅一位德国青年，但才在对方表示爱意之初，就被她画上了句号。吕碧城外表时尚前卫，内心却传统保守。

吕碧城是这样与友人说起她的情感感悟的：生平可称心的男人不多，梁启超早有家室，汪精卫太年轻，汪荣宝（国会议员）人不错，也已结婚，张謇曾给我介绍过诸宗元，但年届不惑，须眉皆白，也太不般配。我的目的不在钱多少和门第如何，而在于文学上的地位，因此难得合适的伴侣，东不成、西不就，有失机缘。幸而手头略有积蓄，不愁衣食，只有以文学自娱了。吕碧城看上的都是当年的一流才俊，她的"择偶观"为其名誉和地位所累，使她深深陷入苦恼之中。

朋友们都为吕碧城的婚姻问题着急，时间就这样一年一年拖过去了，细腻婉约、仪态万方的一代才女吕碧城竟终生未婚！看来，男婚女嫁之事，当事人自不可轻率为之，旁观者亦不必妄加评论，这完全取决于自己，巧合于缘分。

后来，吕碧城不屑袁世凯及其复辟帝制追随者之所为，毅然辞职，携母移居上海。她与外商合办贸易，仅两三年间，就积聚起可观的财富，成为富甲一方的"女强人"。袁世凯称帝失败后，作为机要秘书的吕碧城也难逃公众舆论，遭到国人斥骂，污言秽语随之而来。她深陷此苦，于是那消极避世的思想浓重地包围了她，使她

倾城

吕碧城身穿欧式衣裙、胸绣孔雀翎、头戴　　　1929 年，吕碧城在奥京维也纳万
翠羽，风姿绰约　　　　　　　　　　　　国保护动物大会演说时的照片

觉得"世态炎凉，人生如梦"。虽然直到中年仍有追求者，但随着
见识、地位、金钱的提高和增多，内心传统的吕碧城更加难以找到
匹配的郎君。

　　吕碧城终生未婚，逐渐开始对宗教产生兴趣。吕碧城信佛后，
守五戒，茹素，不再肉食，而且大力宣传动物保护，提倡仁爱、戒杀、
素食。1929 年，她接受国际保护动物会的邀请，代表中国出席国际
保护动物会在维也纳召开的会议，并登台演说。吕碧城头戴珍珠抹
额，身穿金孔雀图案的晚装大衣，用英语慷慨陈词，备受听众瞩目。

甚至她的服饰也成为杂志记者宣传的热点。人们从她的身上见识到中国女子的风采。1930年，吕碧城正式皈依三宝，成为在家居士，法名曼智。

1939年，第二次世界大战爆发，欧洲的硝烟比中国更浓。吕碧城由瑞士返回香港，先是住在香港山光道自购的一所房子中，后搬入东莲觉苑。1943年1月，吕碧城在香港九龙孤独辞世，享年60岁。她遗命不留尸骨，火化成灰后将骨灰和面为丸，投于中国南海。有一首诗曰："白地才媛吕碧城，通今博古一精英。诗文融贯中西外，四海五洲扬盛名。"

倾
城

周道如

以『元首之礼』嫁都督

周道如是江苏宜兴人，原名砥，生于1874年，相传是明代名臣周延儒的后裔。她的父亲在科举考试中跃登甲榜后不幸早逝，家道中落。周道如入天津女子师范学校第一班，深受学校监督（校长）傅增湘的器重，毕业后就留在附属小学任教，藉微薄的薪水，接济家庭，后来又被女师聘为教员。

才提任为直隶总督的袁世凯想要聘请一位品性淳良、知识渊博、容貌妍美的家庭教师，傅增湘便把周道如推荐给袁世凯。袁世凯十分满意，举行了隆重的拜师仪式后，袁家几十口的儿女、儿媳和袁世凯的妙龄姨太太们，便都成了周道如的学生。十几年过去了，师生相处融洽，亲如家人。袁世凯归隐时，袁克文带着一群弟妹苦苦挽留周道如，一起到了洹上村养寿园。虎落平阳的袁世凯对周道如感激不已。周道如成为袁家上上下下都尊敬的人物。

和古代一样，东山再起的袁世凯用联姻方式扩充势力，凝聚部下。袁家儿女长大成人，很快一个个成家立业，老袁都有点觉得儿女不够用了。虽然学生越来越少，依然孑然一身的周道如仍一丝不苟，诲人不倦，看上去一点也不着急。大家都希望周道如能够找一个好丈夫，私下张罗着。可这确实是一个难题：人品地位不相当的人难以匹配；家有结发妻子、让周道如去屈居侧室是想都不要想。周道如拒绝了多次，表示要终身奉母，大家只好暂时作罢了。这样一拖，又是好几年，周道如都三十好几了。

袁家二少爷袁克文是个情种，常常找些名目讨教周道如。两人共赏诗画，志趣相投，日久生情，十分投缘。但毕竟两人年龄差距太大，难以结成姻缘。

1904 年创办的北洋女子公学，吕碧城为总教习。后几经演变，巾帼辈出。周道如亦毕业于此。图为北洋女子公学职员与毕业生的合影

袁世凯当上大总统后不久，就开始做他的皇帝梦，无奈北洋旧人中的一些人表现得十分漠然。尤其是有"江南柱石"之称的冯国璋，手握重兵，坐镇南京，确实令袁世凯难以放心。袁世凯的大公子袁克定为人狡诈，热衷功名利禄，想当太子，积极为父亲出谋划策。正当袁世凯在为如何笼住冯国璋大伤脑筋之时，袁克定就建议道：冯国璋原配吴氏病故已久，把周老师许配给他做续弦，岂不美哉！袁世凯听后拍案叫绝。

冯国璋对周道如的人品、学问、长相早有所闻，听说袁世凯要做媒把周道如嫁给自己，喜出望外，当即复函接受袁世凯的美意，并派

"多情公子"袁克文

人送来聘礼。冯国璋知道袁世凯对他已抱有戒心，也想借这个机会，向袁世凯表示忠心，赢得信任。冯几次上表要北上迎亲，倒是袁世凯叫他不可轻易离开岗位，又要做新郎的冯国璋高兴地向段祺瑞、王士珍等人显摆。

袁世凯的二公子袁克文性情儒雅，热衷于琴棋书画、古玩诗词，淡泊功名，对父亲的皇帝梦持反对意见。他知道这件事后，先是当面质问父亲为什么要这样做，说父亲恩将仇报，气得袁世凯暴跳如雷。接着袁克文来到周道如的卧室来看他的老师，愿老师善自珍重。

倾城

周道如在袁家时间已久，袁世凯对她的个性深有了解，特地与周道如长谈，先是感谢了周道如这么多年在他家中的奉献，慢慢地就说到周道如的婚姻。袁世凯说南京是东南军事重镇，国家经济精华所在，希望周辅佐冯国璋，以忠谋国。聪明的周道如是能听懂弦外之音的，她知道自己不能一生总寄居在袁家，后半生是要找一个落脚点的，哪怕是做袁家的一枚棋子，也是个出路，于是便点头同意了这门亲事。

　　年近四十的袁府女教师下嫁江南王冯大将军，是一件轰动一时的大事。袁家各人对周道如都有馈赠，首饰、华服、精美器物，结结实实地装满了几十只大箱子。袁世凯特赠大洋五万元，只有袁克文没有送东西。当袁世凯特派的大公子袁克定、四夫人金氏，陪着周道如坐一列花车从北京出发南下时，袁克文站在香山的顶上，望着周道如远去的方向，很久很久，一动不动。

　　南京的下关码头张灯结彩，冯国璋用接待国家元首的礼仪，鸣礼炮二十一响以示隆重。周道如等人分乘八抬大轿列队入城。

　　1914 年初举行婚礼的那天，冯国璋着上将戎装，胸佩勋章，乘坐彩车由马队前导，继以乐队，从碑亭巷绕道花牌楼进入都督府。南京城内万人空巷，争相目睹难得一见、如此隆重的婚礼排场。

　　新娘乘坐七彩花轿，上身着玄色绣花外套，下配一袭大红裙子，婀娜多姿，十分动人。抵督署礼堂时，鸣炮奏乐，由女宾四人着大红吉服扶着慢慢走入。江苏省民政厅长韩国钧当证婚人。婚礼中，文官自巡按使以上、武官自师长以上均来道贺，各省军政首长皆派代表来贺。一时间南京冠盖云集，赠礼品、赠礼金、赠诗赠联者难以胜计。其中安徽都督倪嗣冲的赠联尤为绝妙："将略褐轻裘，夺

冯国璋

龙蟠虎踞，好作洞房，从兹儿女莫愁，想顾曲英姿，当不愧小乔夫婿；家风起芜楼，喜裙布荆钗，迎来琼岛，为报湖山罨画，有执柯元首，始得归大树将军。"

　　周道如陪着冯国璋一连谢了三天宾客。婚后不久，恰逢冯国璋60岁生日，周道如40岁生日，还又搞了一次"百岁双寿"的庆祝活动。又是热闹了一阵子。

　　周道如对女学教育事业最为关心，还劝丈夫关心重视教育，

倾城

使冯国璋及时向南京及江苏发布"军警不得侵扰学校及擅行搜查情事"的命令，并倡议发起全国教育会。周道如还是丈夫的重要政治顾问，经常参与政治，舆论界称她"具有决断之才，能佐其夫解决困难问题"。

冯国璋是真心喜欢周道如的，尽量不让娇妻落入政治斗争旋涡，但这只是冯的良好愿望而已。1915年底，袁世凯正式称帝，全国哗然。海内外一致反对，蔡锷揭起护国运动的旗帜。袁世凯令冯国璋出兵湖南，镇压护国运动，冯国璋拒不发兵，还通电反对袁世凯称帝。1916年，袁世凯在绝望中死去，黎元洪继任大总统，冯被任命为江苏督军，不久当上副总统。

1917年8月，冯国璋离开身患重病的周道如，北上代理总统。国内军阀混战，政局不稳，只不过3年时间，多少事情烟消云散。周道如不禁为之感叹，想到冯国璋还在与众多政治对手明争暗斗，这总统的宝座无异于一个火山口，实在令人忧心忡忡，不禁为丈夫担心起来，她还是怀念过去当教师的清静日子。

一个多月后，周道如与世长辞。当时冯国璋正忙于利用孙中山领导的护法运动，逼段祺瑞让权下台，忽视了妻子。周道如死后，袁家二公子袁克文曾撰联哀悼他的老师："为国披肝胆，为家呕心血，生误于医，一夜悲风腾四海；论文兼师友，论亲逾骨肉，死不能别，九原遗恨付千秋！"冯国璋将周道如以"大总统夫人"身份厚葬后，迅速将小妾彭氏扶正。冯国璋只过了一个多月的"总统瘾"，很快又被撵下台，于1919年去世。

袁二公子是民国四公子之一，当时流行一个说法：要找老公，选张伯驹；要找情人，找袁克文；要找知己，找张学良；要找朋友，找溥侗。如此看来，不管从年龄，还是个性，袁克文与周道如都不合适。中国传统社会中的女人错过最佳结婚年龄嫁人，是一种无奈，再作为一个"棋子"结婚，那就是一种悲哀了。婚礼的短暂风光的背后，是可能预料到的婚姻苦果。

宋蔼龄

财富至上的婚姻经营者

宋霭龄，1889 年 7 月 15 日出生。其母倪桂珍的祖上可以追溯到明末大学士徐光启。其父宋嘉树，又名宋耀如，原先并不姓宋，而是姓韩，名教准。由于家境贫寒，韩教准 12 岁时就漂洋过海，到美国找堂舅父谋生，韩教准舅父姓宋，是旅居美国马萨诸塞州波士顿经营丝茶生意的侨商，他没有儿子。韩教准就被舅父收为养子，从此改姓宋，名嘉树，别名耀如。宋嘉树在美国加入基督教，取英文名字查理·琼斯·宋（CHARLES JONES SONG）。韩改宋后，才逐渐发迹成为影响海内外的"宋氏家族"。

宋霭龄 1904 年赴美国留学，入威斯里安女子学院。1906 年，随姨父温秉忠出席美国第 26 届总统西奥多·罗斯福在白宫举行的宴会。面对总统，宋霭龄大胆地当面陈述自己赴美遭拒的波折，表达对美国排华政策的不满。搞得罗斯福只好喃喃地表示遗憾。第二天，报纸以《中国少女抗议美国政府的排华政策》为题报道了此事。后来，在宋霭龄毕业时，有家媒体预言："宋小姐将会成为中国领袖的夫人，威斯里安女子学院将会是中国第一夫人的摇篮。"

1910 年，宋蔼龄毕业后回国。1912 年任孙中山秘书，同孙中山到全国各地勘察，参与制定营建 20 万里铁路的计划。"二次革命"失败后与父亲宋嘉树去日本，仍任孙秘书。

在工作接触中，宋霭龄对孙中山产生好感。宋霭龄讲述过去有人预言自己是"领袖夫人"的故事，试探孙中山的态度。然而孙中山只是淡淡地一笑，没当回事，婉言拒绝了宋霭龄。

宋耀如看出了女儿的心思，也从孙中山言行中知道这仅仅是女儿的一厢情愿。宋耀如感到有必要及早斩断女儿的情丝，眼前也到了为

倾
城

宋蔼龄（后排右四）与母亲等家人合影

她物色合适对象的时候了，于是想到了孔祥熙。

孔家多代经商，一度成为山西首富，但孔祥熙的父亲孔繁慈后来吸上了鸦片，到 1880 年孔祥熙出生的时候，大部分家业已在烟雾中飘散得差不多了。孔祥熙名义上是"富家子弟"，其实是个苦孩子，3岁时母亲去世，六七岁时就蓬头垢面地和村里的孩子一起到太谷县城捡煤核。孔祥熙在叔叔的坚持下才进了学堂，后加入基督教。八国联军攻进北京后，孔祥熙为避免家乡遭受兵燹之灾，利用与外国学生的关系，在山西政府和联军指挥官之间牵线搭桥，进行斡旋，避免了外

宋霭龄与孔祥熙早年合影

国军队在山西的烧杀掳掠，也使急于发财的外国财团打开了山西的门户。孔祥熙办理教案的立场和才能，受到清政府和基督教会两方面的赏识。他后被清政府公派，到美国留学，先后获得欧柏林大学文学学士和耶鲁大学经济学硕士学位。辛亥革命爆发时，孔祥熙积极响应，组织了巡防队和学生军，守护县城。孔祥熙知道自己的才能不在领兵打仗上，后来清军进犯山西，在娘子关前线，他把军队交给了山西都督阎锡山，自己做了阎锡山的经济顾问。

孔祥熙在家乡时曾娶了教会中一位温柔漂亮的韩女士，倍尝了

倾城

人生的甜蜜。不料几年后韩女士因肺病死去，加上袁世凯到处迫害革命党人，孔祥熙心情沮丧，也离开了山西，东渡日本加入了"自由主义者联盟"，后经王正廷推荐，担任了华人基督教青年会总干事。

宋耀如是欣赏孔祥熙的，希望大女儿能够慧眼识人。在宋耀如安排下，两人见面。宋霭龄显得特别活跃，回想和孔祥熙在美国有过一面之交。孔祥熙对家世的介绍隐去了幼年家贫的历史，说成是一直在山西首富的优越环境中长大，还委婉含蓄地说出自己是孔子的直系后裔，先祖在明朝万历年间，因看中山西太谷这块风水宝地，就未回山东定居下来，至今族谱不乱。

宋霭龄对孔祥熙感兴趣倒不是因为他是孔子的多少代孙，而是因为他"山西首富"的地位。她对孔祥熙第一印象良好。孔祥熙三十出头，正处于人生的黄金时期，比她原来朝思暮想的孙中山朝气蓬勃得多；孔祥熙虽没有孙中山的名声显赫，但他有财富，而且善于使用这些财富；尤其是孔祥熙既在美国受过教育，有相当的才能，而又性格随和，便于驾驭，日后对自己必定是言听计从，这一点非常重要！

家宴结束后，宋霭龄把孔祥熙留在了客厅，继续进行愉快的长谈。谈话双方都毫不拘谨。孔祥熙是结过婚的人，同女性交往的技巧已不陌生。宋霭龄从美国回来已有五年，在父亲和孙中山身边已经经历了中国近代史上的一系列大事，接触过各阶层形形色色的人物，完全没有一般姑娘单独与男子相处时的羞羞答答。

在与孔祥熙的谈话中，宋霭龄逐渐明确了这样一个印象：孔祥熙从小在金融世家和当铺经纪人环境中长大，钱对于他来说，并不是不可捉摸的，他有着凭直觉就能使钱成倍增长的本领。虽然孔祥熙的年

宋蔼龄夫妇、宋美龄夫妇与母亲倪桂珍合影

龄大出自己不少，但他赚钱的本领足以抵消这一缺憾，是一个可以托付终身的人。

1914年9月，宋蔼龄与孔祥熙在日本横滨市的一所小教堂举行了简朴的婚礼，但是这简朴的婚礼却使宋氏家族的兴起向前迈进了一步。

1915年，宋蔼龄随丈夫回故里省亲，在山西经营家业，帮助丈夫主持铭贤学校事务。1927年支持蒋介石"清党"反共，大姐宋蔼龄力排众议，是促成蒋宋联姻的关键人物。

作为大姐，宋蔼龄在宋氏家族有较高地位。后来，随着蒋介石的掌权，宋蔼龄更是使宋家沾足了光，特别是孔祥熙成了中国首富。宋

宋霭龄不但撮合蒋宋联姻，也是两人婚后矛盾的协调者

霭龄以精明、厉害著称，连蒋介石也畏她三分。宋霭龄虽没做过中国的"第一夫人"，但对当时政局的影响恐怕还要在孙夫人宋庆龄之上。霭龄在民间的形象不单是"爱钱"，而且还工于心计，一手操纵宋美龄，一手遥控孔祥熙。据说就连宋庆龄也作过这样的评价："倘若大姐是个男人，委员长恐怕早就死了，她在 15 年前就会统治中国。"

1943 年春，孔祥熙"美金贪污案"暴露，引起社会各界很大反响。孔祥熙在一片反对声中辞职，但并没有退出不义之财，孔祥熙后来看

1929 年 6 月，蒋介石携陈布雷、周佛海到北平与孔祥熙、宋霭龄、赵戴文等人谋划联络阎锡山对付冯玉祥

出南京政府末日不远，及时将财产转移至美国，成为"四大家族"中获利最丰厚的一族。孔祥熙娶宋霭龄的时候，是徒有虚名的"山西首富"，后来倒是因为这桩婚姻成了名副其实的"中国首富"。

1947 年，宋霭龄也去了美国。1973 年 10 月 19 日，宋霭龄在纽约长老会医院因癌症病故，享年 84 岁。宋霭龄、孔祥熙夫妇育有二子二女，其中次女孔令俊，号称"混世魔女"，是个另类名媛。

倾城

宋庆龄

最短暂的爱情，最长久的守护

宋耀如共有三子三女，宋庆龄是其二女儿，于1890年出生在上海。宋庆龄7岁时入上海中西女塾读书，1907年，偕妹妹宋美龄赴美国留学。先在新泽西州斯密特城私立学校学习英语，次年考入佐治亚州梅肯市威斯里安女子学院文学系。当年父母为了让庆龄照顾妹妹，同进美国中学念书，办理护照时将她的年龄少报了3岁，因此被"公认"为1893年出生。后来也没有更正。宋庆龄聪敏好学，思想活跃，经常参加学校的活动。听到辛亥革命胜利的消息，热情欢呼辛亥革命是"二十世纪最伟大的事件"。

　　宋庆龄从美国毕业后，于1913年8月29日抵达横滨，第二天就由父亲和姐姐陪着去拜访孙中山，这是宋庆龄长成后首次见到她所仰慕的革命家。宋庆龄见到孙中山，极为兴奋，她也加入了父亲与姐姐的行列，协助孙中山处理英文信件。1914年9月，宋霭龄回上海与孔祥熙结婚，宋庆龄接替姐姐，做了孙中山的秘书。

　　二次革命失败以后，宋庆龄逐渐被孙中山的忘我工作所吸引。一方面，宋庆龄敬仰孙中山坚忍不拔的精神，崇拜他的英雄传奇。另一方面，对于处在艰辛中的孙中山来说，宋庆龄的朝气让他感到振作与轻松。即使孙已有妻室和三个子女，以及年龄的差距，也无法阻止宋庆龄与孙中山两个人迅速激起的爱情火苗。但是，恋情却遭到了来自各方的反对。

　　宋耀如夫妇虽然支持革命，但是不愿意女儿嫁给颠沛流离的孙中山。宋庆龄一连写了好几封信给仍在美国求学的妹妹宋美龄，信中热情地述说她为孙中山工作的愉快与期待。1915年6月，宋庆龄特地为她和孙中山的婚事返回上海，征求父母的同意。宋家上下像遭遇了大

倾城

宋家三姐妹

宋庆龄

地震，宋耀如夫妇更是震怒惊骇，破口大骂孙中山，宋母泪眼婆娑地劝导庆龄说："孙已有妻室，儿子孙科比你还大，你两人年纪相差悬殊。"然而意志坚定的庆龄始终不为所动，她的父亲一气之下，决定将庆龄软禁在家。

孙中山的友人亦纷纷提出异议。孙却道："不，如能与她结婚，即使第二天死去亦不后悔。" 1915 年 6 月，孙中山将原配从澳门接到日本办理离婚手续。10 月的一个夜晚，宋庆龄在女佣的帮助下，爬窗逃走，来到日本。10 月 24 日中午，孙中山到东京车站迎接她，第二天上午即在日本律师和田家中办理结婚手续，当天下午在日本友人庄吉家举办婚礼，到场致贺的中国人只有少数几人。那一年，孙中山49岁，宋庆龄25岁。

当宋耀如知道消息并追到日本的时候，他们已经举办完婚礼。宋耀如气得捶胸顿足，要断绝和宋庆龄的父女关系。宋氏夫妇阻婚未成后，仍送了一套古家具和百子绸缎给宋庆龄做嫁妆。孙中山送给新婚妻子的结婚礼物不是钻戒珠宝，却是一把装有20发子弹的手枪，并说其中19颗子弹是留给敌人的，最后一颗留给自己。从这件结婚礼物上，可以看出当时革命面临的困境。

从某种意义上说，没有宋庆龄与孙中山的结合，也许就没有宋美龄与蒋介石的结合，就没有宋氏家族的兴起。

宋庆龄在婚后与孙中山同甘共苦，渡过难关。历经陈炯明叛乱、国民党改组等重大事件。1924年底，宋庆龄随孙中山应冯玉祥之邀，为和平统一全国犯难北上。孙中山病重期间，宋庆龄日夜守候在病榻旁。1925年3月12日，孙中山在北京逝世，给宋庆龄的遗嘱是："余因尽瘁国事，不治家产。其所遗之书籍、衣物、住宅等，一切均付吾妻宋庆龄，以为纪念。余之儿女已长成，能自立，望各自爱，以继余志。"他把"和平、奋斗、救中国"的嘱托交给了宋庆龄和他的同志。宋氏三姐妹中，宋庆龄的婚姻可以说是最不幸的。这不仅是因为家庭的反对，而且还因为孙中山过早的离世。

宋庆龄在孙中山死后，继承了丈夫的遗志，作为国民党的左派代表不懈地努力着。1927年8月，宋庆龄出访苏联，以后旅居欧洲4年，考察了世界上第一个社会主义国家和几个主要的资本主义大国，研读了马克思的著作，与流亡欧洲的许多中国革命者一起研究中国革命的

倾
城

宋庆龄与孙中山的结婚照　　　　革命伴侣孙中山与宋庆龄

核心问题——土地和农民问题，思想上产生了质的飞跃。抗战时期，宋庆龄为国共两党实现第二次合作搭桥铺路，起到了不可替代的特殊作用。宋庆龄积极支持并参与了中国共产党领导的无产阶级革命，为建立新中国做出了卓越的贡献。

中华人民共和国成立后，宋庆龄当选为中华人民共和国中央人民政府副主席、中国人民政治协商会议第一届全国委员会常务委员，长期承担了大量的国务活动。与此同时，她把许多精力投入到妇女与儿童的文化、教育、卫生与福利事业中。

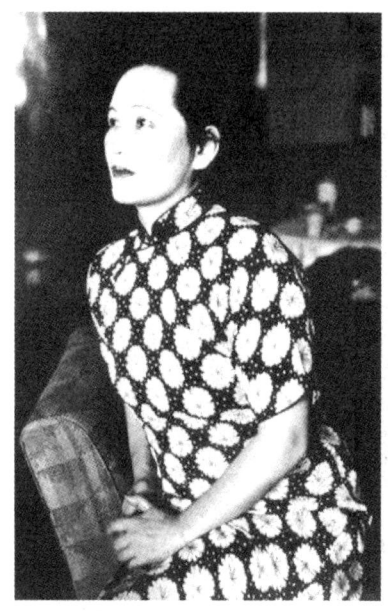

中年宋庆龄

　　1981年5月14日，宋庆龄病情恶化。15日，中共中央政治局宣布接受宋庆龄为中国共产党正式党员。16日，宋庆龄被全国人民代表大会常务委员会授予中华人民共和国名誉主席荣誉称号。1981年5月29日，宋庆龄病逝于北京。

政治联姻里的真情

宋美龄

宋美龄小时候长得很胖，有个绰号叫"小灯笼"

　　宋美龄是宋耀如的三女儿，1898 年阴历二月十二日出生于上海，与宋蔼龄、宋庆龄并称为"宋氏三姐妹"。1903 年，5 岁的宋美龄进入女塾就读。1907 年，不到 10 岁的宋美龄与二姐宋庆龄同时赴美国留学，1912 年进入马萨诸塞州的威斯里安女子学院。在美期间，宋美龄有过几段短暂的恋情。宋美龄曾与哥哥宋子文的好友刘纪文恋爱，一度商及订婚。

　　1917 年，宋美龄回到上海从事教会工作，参加各种社会活动，重新融入华人社会。回国后的宋美龄有许多追求者，但宋美龄对意中人

美丽端庄的宋美龄令蒋介石从前的妻妾
黯然失色

早有规划，一般人是难以吸引其眼球的。

蒋介石早就意识到婚姻是巩固政治地位的砝码，还在与陈洁如如胶似漆的 1922 年底，只与宋美龄有一面之交的蒋介石就隐瞒婚姻状况，要求孙中山将妻妹介绍给自己。孙中山因为宋庆龄的坚决反对，多次让蒋介石"等一等"。

有一次，孙中山想把宋美龄介绍给谭延闿续弦为妻。老练的谭延闿已从蒋介石对宋美龄的灼灼目光中猜出几分，不愿和这位黄埔新星做情敌。于是他笑说："老夫已经 44 岁，可做美龄的父亲了。"但又想到孙中山的夫人是宋美龄的姐姐，就拜宋母为"干妈"，宋美龄成了自己的"干妹妹"。蒋介石后来领情，不但"抬举"谭延闿代理广州国民政府主席，还和宋美龄一起为谭延闿三闺女择了佳婿。

蒋介石当了黄埔军校校长后，宋美龄在大姐宋蔼龄的影响下，对蒋颇有好感，甚至感觉到当时的蒋夫人陈洁如配不上蒋。蒋介石与宋美龄相互有意交往，开始鸿雁传书。

1927年4月，如日中天的蒋介石指挥北伐军节节胜利，于是他正式向宋美龄求婚，此举在宋家顿时引起轩然大波。宋庆龄看出蒋的政治阴谋而坚决反对；宋母倪桂珍信奉基督教，认为结婚多次的蒋介石是个异类，也坚决不同意；在政见上与蒋对立的宋子文认为蒋地位未稳，未必能给小妹带来幸福，但他不久就被蒋介石软硬兼施地搞定了。只有宋蔼龄坚信蒋前途无量，可为宋家带来极大荣誉，竭力撮合这桩婚事。

蒋介石是个情场高手，当年无业之时，都能追到正值妙龄的陈洁如，何况现在的地位权力已非同昔日。宋美龄虽已年近30岁，但毕竟是留过洋的大家闺秀，加上特殊的家庭背景，是许多人仰慕的名媛。蒋介石还是要花不少功夫的。在宋蔼龄的帮助下，蒋介石与宋美龄在春暖花开的5月，相伴同游焦山长达10日，两人感情升温，终于定下终身大事。

9月16日，宋蔼龄对记者宣布"蒋总司令即将与我的三妹结婚"的消息，一时间成为各家报纸杂志的热点新闻。其后，蒋介石东渡日本，向宋母倪桂珍请求准许婚事。对于宋母提出的"与原夫人必须离婚、实行一夫一妻和皈依上帝、信奉基督教"两个条件，蒋介石都一一答应。

《蒋中正申明》很快在上海各大报纸显著位置连续刊出，全文如下：

各同志对于中正家事多有来书质疑者，因未及遍覆，特奉告如下：民

蒋介石与宋美龄的结婚照

国十年原配毛氏与中正正式离婚，其他二氏本无婚约，现已与中正脱离关系。现在除家有二子外，未有妻女。惟传闻失实，易滋淆惑。专此奉覆。

11月10日，蒋介石回到上海后，各大报纸刊出蒋、宋的结婚启事。12月1日，蒋介石与宋美龄举行了隆重的婚礼。

蒋介石与宋美龄的结合，是因为政治，还是出于爱情，成为日后人们喜欢讨论的话题。为使蒋介石信奉基督，宋美龄制造出不少"上帝显灵"的神话，终使拖了三年的蒋介石接受洗礼，皈依基督教。现在看来，蒋介石因为娶宋提高了声誉，获得了财团支持；宋美龄嫁蒋

尚未与陈洁如离婚的蒋介石与宋美龄在上海出双入对

之后，才华尽显，两人也可说是天作之合。

宋美龄嫁给蒋介石后没有生育，就有了两人不能生育的传言。从蒋介石1929年8月25日日记可知，宋美龄怀过孕，只可惜因病流产了。后在抗战期间，宋美龄多次赶赴前线慰问，并为伤员包扎，有一次为躲避日本飞机的轰炸而不幸流产，老蒋为此事很是伤心。蒋介石曾明确嘱咐两个儿子：凡认余为父者只能认余爱妻美龄为母，不能有第二人为母也。

有位黄埔军校的学生，在蒋介石携夫人检阅的众目睽睽之下，向宋美龄表示好感。宋美龄既羞又怒，派人找来那个学生责问，那学生

倾
城

"啪"地一个立正，痴痴地望着她，嘴唇翕动了几下："夫人……实在……太美了！"宋美龄理解他，像姐姐一样与他谈心，还打电话给黄埔军校责令不得为难他。这个学生不仅惊羡宋美龄的美丽，更是为她的人品、修养、才学所折服。

1934 年，蒋介石在南昌成立新生活运动促进总会，自任总会长。后来，新运总会由南昌迁到南京后，增设妇女指导委员会，以宋美龄为指导长。宋美龄大出风头，使许多人由此对这位"第一夫人"有了新认识。

1936 年 12 月 12 日，西安事变爆发。宋美龄积极奔走，反对主战派用武力解决的方案。12 月 22 日，经过端纳全力周旋，宋美龄、宋子文等人飞抵西安。张、杨两人与宋子文、宋美龄进行了会谈后，张学良陪同宋美龄和端纳面见蒋介石。蒋介石见到夫人后，十分感动，眼泪直流，说："你怎么来了？如入虎穴矣！"宋美龄劝蒋道："宁抗日，勿死敌手！"蒋、宋感情在此劫难之时得到升华。

抗战期间，宋美龄忙于慰问伤员，蒋介石"好色"的老毛病又犯了，玩起了金屋藏娇。宋美龄知道后，考虑到蒋介石和自己的地位、名声及前程，只得按捺怒火，忍气吞声，同大姐宋霭龄商量出妥善处理的方案，不但逼走了"情敌"，还让老蒋在不失面子的情况下，接受了教训。

1942 年 8 月，美国总统特使威尔基访华，对宋美龄产生好感。宋美龄也让老蒋产生醋意。11 月，宋美龄赴美表面上是养病，其实是去散心。宋美龄在美国期间，以中国"第一夫人"身份与罗斯福总统会谈，在美国国会及各地演讲，获得极大成功，得到了许多外国元首都得不到的礼遇和殊荣，不但树立了良好的中国形象，而且为中国抗战争取了最大限度的美援。蒋介石对这位"贤内助"大加赞赏。

有了宋美龄，孔祥熙的生意好做多了

1943年11月23日，蒋介石在宋美龄陪同下，一行16人参加了开罗会议，与罗斯福、丘吉尔就远东及国际局势、战后问题进行会谈，达成《开罗宣言》。宋美龄在开罗会议期间，帮了老蒋不少忙，其受瞩目的程度不亚于罗斯福、丘吉尔和蒋介石。

抗战胜利后，宋美龄还没过足"总统夫人"瘾，就随国民党兵败到了台湾。蒋介石1975年病逝后，宋美龄在台北、纽约两地漂泊。1991年，93岁的宋美龄再度离开台湾去美国"长期休养"，随着亲人的一个个离世，宋美龄感到了迷茫。2003年10月23日，宋美龄在美国纽约寓所于睡梦中平静去世，享年105岁。

倾
城

往事如烟一场梦

毛彦文

毛彦文，小名月仙，英文名海伦，1898年阴历十一月一日出生于浙江省江山县城一个乡绅之家。7岁入家塾启蒙。辛亥革命后就读于江山西河女校。1913年被保送入杭州女子师范。1916年入浙江吴兴湖郡女校，4年后毕业，又以浙江省第一名的成绩考入北京女子高等师范学校英文系，后考入南京金陵女子大学就读。毛彦文才貌双全，善于交际，但不好打扮，宛如一朵幽兰，使得不少文人雅客倾慕。

毛彦文9岁时，由父做主把她许配给了方姓朋友之子。毛彦文杭州女子师范学校毕业时，方家怕生变故，催逼完婚，就在方家迎亲的大轿抬至毛家大门之际，不甘命运摆布的毛彦文从后门勇敢地逃离。此前，她和表哥朱君毅早已月下为盟，私订终身了。毛家在方家退婚后，由双方家长做主，毛彦文与朱君毅正式订婚。朱君毅在清华读书时，常将表妹情书让同桌好友吴宓过目。吴宓对毛彦文在信中流露出的才情敬佩不已，久而久之，心中便涌动出异样的情愫，碍于同学之谊，他不曾流露，而是深深隐藏在了心底。吴宓的同学陈烈勋欲将其妹陈心一介绍给他为妻，吴宓也委托朱君毅，让毛彦文打探情况，彼此沟通二人的信息。这样，毛彦文实际上成了吴宓与陈心一的媒人。

1921年8月，当时27岁的吴宓留美归国，到杭州与陈心一相亲，终于巧遇了陈的闺中密友——毛彦文。中国有句古老的名言"媒人跳进花轿里"，意指为人做媒的第三者与当事人中的一个相爱，就是当时情景的最好注释。吴宓与毛彦文见面后更增加了好感，怎奈毛彦文已是挚友的未婚妻，吴心中升起一种失落的感觉。不久，吴宓和陈心

倾
城

学术上的吴宓令人敬佩，无愧于一代国学大师，而感情中的他却矛盾又善变，让人疑惑

一匆匆完婚。

随后，吴宓与同学朱君毅双双被南京东南大学聘为教授。朱君毅这时候突然移情别恋，以近亲结婚有害下一代为由，坚决提出与毛彦文解除婚约。守候6年，逃婚只为下嫁表哥的毛彦文始料不及，她万般无奈之下，只得转而求助吴宓夫妇。吴宓于是作为一个中间人，往返于两人之间，极力救火说和。怎奈朱君毅去意已决，坚决不肯与毛彦文缔结白首。结果，朱、毛之合未成，终致解除婚约。

本欲救火的吴宓却引火烧身，他居然在朱、毛二人分道扬镳后，不顾有妇之夫的身份，向毛彦文表白了自己的爱意。毛彦文断然拒绝。陈心一和毛彦文都成了吴宓生命中占据重要地位的女人，陈是他结发之妻且育有三个女儿，毛则是他至死不渝的梦中情人。

陈心一无法忍受吴宓情感上的叛逆，结婚 7 年后，最终仳离。毛彦文面对吴宓的求爱，仍是不愿就范。毛彦文认为吴宓是个书呆子，特别反感他不断提及看到毛给朱君毅写的情书时，就萌生的爱慕。

吴宓毫不气馁，对毛彦文的追求愈演愈烈，并逐渐发展成了一场爱情的马拉松，这其中包含了太多的故事，以至在 30 年代的上海滩，他们的故事成了小报津津乐道的话题。吴宓痴情毛彦文，曾写诗云："吴宓苦爱毛彦文，三洲人士共惊闻。离婚不畏圣贤讥，金钱名誉何足云。"

吴宓的锲而不舍最终打动了毛彦文的芳心。可是两人准备谈婚论嫁时，吴宓却生出了一丝隐忧，既想和毛彦文成为夫妻，又担心婚后会不和谐，患得患失。两人的爱情并没有因来之不易而最终修成正果。生于 1894 年的吴宓留给后人的是一个严谨的学术大师印象，钱钟书就是他的学生，但他的婚恋却如同一枚涩果。

面对吴宓的变卦，毛彦文哭着说："你总该为我想想，我一个 30 多岁的老姑娘，如何是好。难道我们出发点即是错误？"吴宓不为所动，甚至玩起了"多角恋爱"。毛彦文觉得吴宓太花心，一气之下，嫁给了比她大 28 岁的熊希龄。

其实，毛彦文是个充满爱心的女子，一直热衷于公益事业。26 岁时，在南京夫子庙救助过小难童。也正是慈善事业使毛、熊两人结合在了一起。熊希龄于 1870 年出生在湖南凤凰县，故又别称熊凤凰。1913

熊希龄与香慈学生在一起（摄于 20 世纪 20 年代）

年 9 月 11 日，熊希龄任中华民国国务总理兼财政总长，后来退出政治舞台，致力于慈善和教育事业，创办驰名中外的香山慈幼院，并且将自己的全部家产捐充儿童福利基金。熊希龄原配廖氏，成婚不久即暴病而死。第二任夫人朱其慧 55 岁时去世。熊希龄需要一位和他一起从事慈善和教育事业的贤内助。毛彦文在北平求学时，经常到熊家做客，颇得熊希龄和朱其慧的赏识。1927 年，毛彦文赴北平执教于香山慈幼院，引入现代教育，成为熊的重要助手。

毛彦文在了解到"熊老伯"有求婚念头时大吃一惊，觉得难以接受。第二天熊希龄亲自跑到复旦去看她，更让她觉得不好意思，要求熊伯

毛彦文与熊希龄结婚照

伯以后不要再来了。熊希龄尊重了她的意见，由天天跑改为天天写，自此毛女士收读情书成为每天必备的功课。熊希龄还发动亲友团进行劝说，连当时已经怀孕五六个月的长女熊芷也千里迢迢从北京跑到上海，替老父欢迎她"加入我们的家庭"。在熊希龄和亲友团的巨大感召力之下，毛彦文终于点了头。1935 年 2 月 10 日，65 岁的熊希龄剪去多年留须，和 37 岁的毛彦文在上海西藏路慕尔堂举行婚礼，轰动全国。

这场鹤发红颜的婚事，成为当时的新闻热点，有人用"梨花伴海棠"为题大书特书。但熊希龄不以为然，他结婚的一个目的是想找一个能

倾城

代他继续办理慈善院的妻子。

七七事变后，熊希龄与毛彦文颠沛流离到香港。1937年12月，熊希龄心脏病突发病逝，这对于毛彦文来说，无异于晴天霹雳。悲痛万分的毛彦文继承了熊希龄的遗志，下半生致力于教育和慈善事业，此后再也没有嫁人。1949年，毛彦文在朋友的劝说下，仓皇离开上海的家，在风雨飘摇的船上，挥手告别家园，她没有想到这次是和家乡永别。

熊希龄去世后，吴宓又燃起了追求毛彦文的希望，他写了很多感人肺腑的长信表达自己的情思，结果一点回音也没有得到，有的信甚至被原封不动地退回。吴宓的后半生，抑郁凄苦，因思念太深，经常会在梦中与毛彦文相会，一觉醒来，泪湿枕巾。"文革"期间，饱受折磨的吴宓终于在对毛彦文无尽的思念中永远地闭上了双眼。

1987年，年近九旬的毛彦文写了本《往事》，以大量的篇幅写亲情、爱情与友情，回避谈她和吴宓的情感纠葛，认为只是吴宓单相思而已。1999年11月10日，阅尽人世沧桑的毛彦文在台湾去世，享年101岁。

画笔中的恩情

潘玉良

潘玉良原姓张，1895年6月14日出生于江苏扬州一个贫苦家庭，幼时父母亡故，孤身一人流落到安徽芜湖。14岁时被舅舅卖给了妓院做歌妓。

1912年，17岁的她姿容清秀，气质脱俗，芳名渐已远播，成了芜湖地界令人瞩目的一株名花。这年，正巧海关监督潘赞化来芜湖上任，当地政府及工商各界同仁举行盛宴，为新任监督接风洗尘，商会会长让张玉良献上弦歌助兴。张玉良轻拨琵琶，慢启朱唇，珠圆玉润，一曲《卜算子》古调在厅内婉转回荡。商会会长看出潘赞化流露出的怜爱之情，当晚，将张玉良送入潘的房中，进行"性贿赂"。

潘赞化对张玉良好言相劝，让她回去，并约好第二天一起出游。潘赞化是个知识渊博的人，并没有把她只当作一个伴游的烟花女子。待夜幕降临时，潘赞化吩咐车夫："送张姑娘回去！"张玉良恳求道："大人，求求您，留下我吧！"泪水盈盈，浑身显得有些轻微颤抖，死死跪着不起，潘赞化弯腰牵她的双手，她就势乖巧地匍匐在他手上。

张玉良说出了商会会长等人要用官员狎妓要挟的阴谋，也流露若晚上回去要受老鸨打骂的痛苦。潘赞化听后，面上现出严峻神色，他自己睡在书房，将自己的卧室给了张玉良住。这一夜，张玉良辗转反侧，彻夜未眠，想了很多：潘赞化冒着嫌疑，不顾忌自己的名誉收下她，又让出了房……她觉得不安。当今社会的官员中，像他这样正直而具有怜悯心的怕是凤毛麟角了。一股莫名的感觉促使她心情振奋，从床上爬起，坐到案前，捻亮了灯，找了一张纸，不禁在上面画起了她从小喜爱并熟悉的莲花。

第二天，潘赞化无意中发现了张玉良画的那幅莲花，赞叹道："过

潘赞化

人的天资，天生的艺术素质！"潘赞化鼓励她学习文化知识，一转眼，两个月过去了，张玉良如饥似渴地学完了那套高小语文课本。终于有一天，潘赞化对张玉良说："我想把你赎出来，送你回老家扬州做一个自由人。"

张玉良一听，哭了起来，乞求他说："回扬州！我一个孤苦女子，无依无靠，还不是从火坑跳到水坑吗？大人将我留下做个佣人吧，我愿终生侍奉大人。"

潘赞化停了一下，又说："玉良，你是个好姑娘，又很聪明，在我眼里，你是个孩子，我长你12岁，家中早有妻室儿女，我总不忍委屈你，现在看来没有别的办法。"潘赞化问张玉良是否愿意做二房。张玉良欣然同意。

结婚后，张玉良改随夫姓潘，这既是当时习惯，又能体现出潘赞化给了她第二次生命。三天后，他们乘船到了上海，潘赞化为玉良安排了新居，为她请了教师。潘玉良开始了新生活，她像春暖花开时节的雏燕，迎着明媚的春光，要学着飞向天空。认识潘赞化，是潘玉良人生道路上的转折点。

1913年，"二次革命"失败后，潘赞化被解职，潘氏夫妇迁居上海法租界霞飞路渔阳里。此后，潘赞化先后投身"护国运动"和"护法运动"。独自在家的潘玉良开始学习绘画。生性喜爱美术的潘玉良如鱼得水，绘画水平提高很快。

1918年，潘玉良报考了上海美术专科学校，参加考试的人特别多。潘玉良泰然自若地挥动着画笔，运用自如地把感觉准确地用线条表达出来。她的素描画受到了师生们的一致赞扬。交了卷，回到家里，她坐立不安，多么想把心中的欢乐和激情告诉亲人。一周后，学校放榜了，校园门口人山人海，玉良挤在人群里，她在那名单里找寻，找遍了，却没有自己的名字。

正如常人所料，潘玉良因为出身问题没被录取。好在后来经校长刘海粟特批，潘玉良还是踏进了上海美专的大门，师从王济远、朱屺瞻，并成为优秀毕业生。

1921年7月，潘玉良考取法国里昂中法大学，成为该大学在国内招收的第一批留学生。在国外求学的8年间，她先后在法国里昂美术

倾
城

潘玉良自画像

专科学校、巴黎国立美术学校、意大利罗马皇家美术学院学习绘画和雕塑，在此期间先后结识了徐悲鸿、常玉、张道藩、郭有守、苏雪林等一批有识青年，并创作了《白菊》《黑女》《酒徒》等油画，为后来立足国内画坛奠定了深厚基础。值得一提的是，潘玉良由于学业优异，获得意大利教育部奖励津贴金，作品参加意大利国家展览会，成为第一个获得国际荣誉的中国女西画家。

潘玉良1929年回国后，受邀担任上海美术专科学校西洋画系主任。同年11月28日，她的第一次个人画展"潘玉良女士留欧回国纪念绘画展览会"在上海举行,"旅沪各国侨民咸到会评览,叹为中华女子作家之冠"。潘玉良名气越来越大。

1929年3月至1935年7月,她在中央大学教育学院艺术科与徐悲鸿一起担任油画教员,培养出郁风、张安治、蒋仁、张蒨英、费成武等一批优秀画家。潘玉良先后在国内及日本举办个人画展5次,被誉为"中国西洋画中第一流人物",1934年中华书局出版了《潘玉良油画集》。

潘赞化在京、沪两地任职,依然保持对潘玉良的关心和支持。但作为小妾,潘玉良感到回到家中,就失去了在绘画殿堂中的坚定和自信。潘玉良清楚地意识到现代艺术家和旧式婚姻制度下的小妾,两种迥然不同的身份集于一身的反差造成的痛苦,经常使她彻夜难眠。

1936年,潘玉良举办个人第五次美展。《人力壮士》赢得了很高荣誉,并被人订购。但不料在收展时,《人力壮士》那张画被人恶意用刀划破,还贴上了一张纸条,纸条上写着:"妓女对嫖客的颂歌。"还有一些作品被窃。这对于潘玉良来说,无疑是心灵上的重重一击,令她肝肠寸断!

心灵受到打击的潘玉良回到家中,听到赶到南京的丈夫原配大吵大闹,说:"国有国法,家有家规,大主小卑,千古常理,不要以为当了教授就可以同我平起平坐……"潘赞化在门边很是无奈。潘玉良思前想后,又不由同情起潘赞化来,"倒是难了他呢!"于是她心软了,屈服了,她急步走进屋里,对着大夫人双膝跪了下来。她认识到自己这个由稚妓、小妾出身的教授在中国传统尊卑观念之下难有立足之地。

1937年,潘玉良为了追求艺术再次赴法,潜心绘画。潘玉良在早期以"西画家"著称,然而纵观其一生,最令人称道的成就却是中国

20 世纪 30 年代，潘玉良（前排左）与友人合影

画创作。无论是白描，还是彩墨画都获得极大成功，尤其是她的彩墨
画成为她后期最主要的创作手段并形成特有的绘画语言。在法期间，潘
玉良得到一位名叫王守义的友人的照顾，两人没能将友情发展为爱情。

　　潘玉良有家，却因为家庭的结构而不能回，有丈夫，却因为远隔
万里而不能相见。潘玉良思念着潘赞化，盼望着丈夫的音信。但慢慢
地，因为种种原因，信越来越少，最后竟断了联系。直到抗战胜利后，
两人才恢复了联系。

1959 年，潘玉良获得了巴黎大学的多尔利奖，这在巴黎大学的奖励史上是破天荒第一次。巴黎市市长亲自主持授奖仪式，把银盾、奖章、奖状和一小星型佩章授给了潘玉良。晚上回到住处，潘玉良心潮澎湃，一天连写了两封信，一封信给刘海粟先生，一封给潘赞化。潘玉良后来才知道，潘赞化在自己获奖后不久的 7 月份已经去世。潘玉良只能将思恋融化在画笔之中。

1977 年，潘玉良在法国病逝，享年 82 岁。

倾城

蒋碧微

徐有悲鸿，蒋为碧微

蒋家是宜兴大族。1899 年，蒋碧微出生时正巧东书房一棵海棠盛放，祖父为她取名棠珍，字书楣。蒋碧微出身于书香名门，天生丽质，才艺俱佳，早年随父蒋梅笙到上海，13 岁由父母做主，和苏州查家公子查紫含订下了婚约，18 岁时和同乡徐悲鸿一见钟情，"碧微"是徐悲鸿为她起的名字。徐悲鸿为此专门刻了一对水晶戒指，一只上刻"悲鸿"，一只镌着"碧微"。他把"碧微"的戒指整天戴在手上，有人问他这是什么意思，他便得意地答："这是我未来太太的名字。"人家追问他未来的太太是谁，他只神秘地笑笑。

1917 年，18 岁的蒋碧微冲破封建礼教，瞒着家人与 22 岁的徐悲鸿结合后远赴日本、法国。1921 年，留学欧洲的徐悲鸿夫妇在一次酒会上认识了青年画家张道藩。徐悲鸿短暂中途回国期间，留在巴黎的蒋碧微和张道藩等经常在一起聊天、跳舞，张对蒋殷勤有加。1926 年 2 月，张道藩在一封长信中正式表达其对蒋的爱意，蒋予以回绝。此后，张道藩和法国姑娘苏珊结婚。

徐悲鸿对蒋碧微的学生形象印象很深，据此绘制成代表作之一的素描和油画《吹箫图》。1927 年，蒋碧微随学有所成的徐悲鸿回国，先后生下一双儿女——伯阳和后来改名徐静斐的丽丽。

1930 年，对蒋碧微来说，是一连串不幸的黑色岁月。弟弟和姑母相继去世，已经使她悲伤万分。徐悲鸿恋上才华横溢的女学生孙多慈，还刻了一枚文曰"大慈大悲"的印章，暗合两人名字在内。这段"师生恋"使徐悲鸿与蒋碧微的感情出现裂痕。

尽管徐先生不断地向蒋碧微解释，说他只是爱重孙多慈的才华，想把她培植成为有用的人才。但是在蒋的感觉中，徐与孙之间所存在

倾城

蒋碧微画像

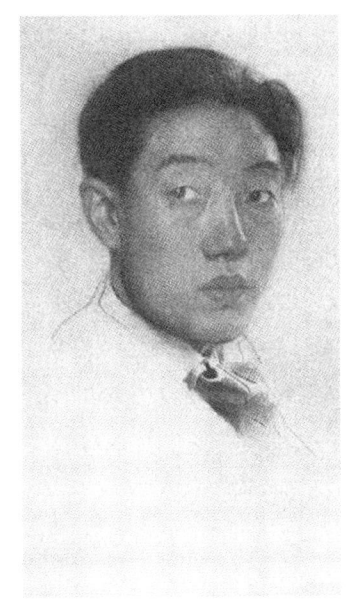

徐悲鸿画像

的绝对不是纯粹的师生关系。从此，徐悲鸿便很少在家，总是一清早去上课，下午再去画画，晚上还要到艺术系去赶晚班。蒋碧微知道，这并非完全由于教学上的需要，其中还夹杂有感情的因素，因为在那充满艺术气氛的画室里，还有那么一个人。当丈夫的感情发生变化时，妻子都会有敏锐的感觉。但为了徐先生的名誉和前程，蒋碧微没有告诉任何人，默默地承受着，只希望有一天，丈夫会明白自己的身份地位，以及他对妻子儿女的责任，迷途知返。

1933年，蒋碧微抱着重归于好的愿望，随徐悲鸿第二次赴欧洲，

1934年秋，孙多慈从天目山写生回来，
画了一幅油画自画像

她出色的交际才能和特立独行的个性帮助徐悲鸿成功举办了中国近代名家绘画展及个人画展，破除了西方人轻视中国文化艺术的偏见，为中国艺术走向世界迈出第一步。其间，徐悲鸿经过与法、德、比、意等国著名艺术家进行切磋和交流，逐渐形成融会古今中外技法的独特风格。1934年8月，徐、蒋两人结束了20个月的第二次欧洲之旅，返抵南京。此后，徐悲鸿声誉日隆。

蒋碧微转向与法国时认识的张道藩加深了联系，徐悲鸿当时在南京中央大学任教，而张道藩已当上了南京市政府的主任秘书。张道藩

倾
城

孙多慈，1913 年生，又名韵君，著名　　徐悲鸿画孙多慈像
国画家

出身于书香门第，加入中国国民党后成为"CC 系"骨干人物，后任中央组织部副部长、交通部常务次长、中央执行委员、内政部常务次长、"国民大会"选举事务副总干事、教育部常务次长、中央社会部副部长等职，长期从事官办文化教育事业，参与控制国民党文宣与党务系统。

　　1936 年，徐悲鸿拒绝蒋碧微和张道藩邀请他为蒋介石画像的请求后，遭到流言蜚语中伤，到桂林写生。孙多慈匆促离校，到安庆女中任教。抗战后，孙多慈与徐悲鸿在长沙避难时，意外相见。徐悲鸿帮助孙多慈一家迁至桂林。徐、孙两人经常去漓江写生。孙家父母不希

蒋碧微与张道藩在台北

望女儿成为"小三"，带着孙多慈离开桂林，到了浙江丽水。孙多慈在浙江认识了许绍康。正在追求有夫之妇王映霞的许绍康，一眼看上了年轻有才的孙多慈。许、孙两人结婚后，感情并不好。徐悲鸿去世后，孙多慈守孝三年。这是后话。

在徐悲鸿离开南京期间，张道藩与蒋碧微打得火热，偏离了感情轨道。一次躲避日军飞机轰炸时，在张道藩家的地下室里，蒋碧微开始成为张道藩的情妇。徐悲鸿想挽回与蒋碧微的感情，回到南京乞求她回心转意，但已经无力回天了。徐、蒋两人经过二十多年的痛苦煎

倾城

熬，未能破镜重圆。1945 年 12 月 1 日，徐悲鸿与蒋碧微在重庆沙坪坝重庆大学教授宿舍签字离婚。蒋碧微得到徐悲鸿 100 万元赡养费和 100 幅画作。

1946 年，徐悲鸿与廖静文喜结良缘。而蒋碧微从此成为张道藩的情妇。苏珊在得知真情之后，多次要求张与蒋断绝关系。但是张道藩却不予理睬，后将苏姗送到澳大利亚养病。1946 年，蒋碧微在张道藩帮助下，当选为"国大代表"，并获蒋介石颁发的勋章。

1949 年，蒋碧微留下与徐悲鸿的一子一女与张道藩去了台湾，开始了他们的同居生活。但是 1958 年，在张道藩法国太太苏珊的干涉下，两人最终分开，此后蒋碧微独自过了 20 年。少女时勇敢私奔的她，盛年时长袖善舞的她，中年时怅惘于两端感情的她，晚年时一个人凄清的她，都令人唏嘘不已。

1960 年底，张道藩与妻子破镜重圆。蒋碧微彻底孤独，在后来的时间里，蒋碧微把自己一生的所敬所爱、所作所为、所思所念、良心和灵魂都融入到了 50 万字的回忆录中。回忆录分为《我与悲鸿》《我与道藩》两部分，用平实的语言，翔实地记录了 28 年来她与徐悲鸿相识、相知、相恋到分手的情感沉浮的心路历程，以及她与张道藩的感情生活中的点点滴滴。1966 年，此书在台湾出版时，被《皇冠》杂志誉为"中国第一部女性自传"，成为众多读者追捧的畅销书。

1978 年 12 月 16 日，蒋碧微在台北去世，走完了 79 年的人生历程。

盛爱颐，宋子文的初恋情人

生于 1900 年的盛爱颐，是近代上海滩最大的资本家盛宣怀的七小姐，从小见多识广，能诗会绣，写得一手好字，以"盛七"闻名于上海滩。许多名门公子为了一睹七小姐芳容而踏破盛家门槛。但盛家"门槛"之高，又使许多人望而却步，一般人家要想见上貌美心高的盛七小姐一面都是很难的。盛爱颐与当时名不见经传的宋子文的一段纯美情缘，也因"两家地位悬殊"而结束。

1916 年，宋子文从美国学成回国，经大姐宋霭龄介绍，担任了汉冶萍公司总经理、盛爱颐四哥盛恩颐的英文秘书，常常出入盛府，认识了 16 岁的盛爱颐。宋子文为了追求盛爱颐，主动担任了其英文教师，经常向她讲述大洋彼岸的奇异风光和风土人情。宋子文一表人才，谈吐儒雅得体，办事雷厉风行，很快赢得了盛家人的信任，也赢得了盛爱颐的好感。宋、盛的恋情很快公开，大家都觉得是郎才女貌的一对。

当时盛宣怀已经去世，盛爱颐的母亲庄夫人起初觉得宋子文相貌不错，又是留洋回来，两个年轻人似很投缘，也就有些默许，想进一步了解一下宋子文的家庭情况，就请家中大管家去打听。大管家回来禀报说："宋家是广东人，他父亲是教堂里拉琴的，七小姐怎么可以嫁给这样的人家？"庄夫人有数了，门不当户不对，开始阻挠女儿与宋子文交往。

宋子文被调到外地，不久找机会返回上海。宋子文脾气犟，越是庄夫人阻挠他就越来劲。有时在大街上，他看见前面是七小姐的车子，就一踩油门加足马力追上去，把车子往七小姐的车前一横，硬是要与七小姐说上几句话。

1923 年 2 月，孙中山从上海前往广州重建革命政权，发出电报催

倾
城

年轻时期的宋子文

促宋子文南下广州，参与革命工作。宋子文欣喜万分，但他放不下七小姐，就劝其跟他同赴广州。但七小姐拿不出勇气，临别时，她送给他一把金叶，并表示会等他回来。此后，宋子文在广州顺利步入政坛，他协助孙中山筹办中央银行，并出任行长。后来又担任了国民政府财政部部长兼广东省财政厅厅长等职，平步青云，成为国民政府中的实力派人物。

1927年9月，庄夫人因病去世，盛家的三位公子盛恩颐、盛重颐、盛升颐将盛家的财产归为己有，把尚未出嫁的七小姐、八小姐排除在外。七小姐是个现代女性，她依据民国法律关于男女平等的条款提起公诉，最后在宋家姐妹宋蔼龄、宋庆龄的支持下，终于打赢了这场轰动一时的争取遗产的官司。

1930 年，宋子文再次返沪时，已经娶了大家闺秀张乐怡。七小姐为此伤心透顶，大病一场，直到 32 岁才嫁给了庄夫人的内侄庄铸九。她从自己所得的遗产中拨出 60 万两白银，建成了上海被外界赞为"远东第一乐府"的百乐门舞厅。但盛、庄夫妇不善经营，最终只好出售转让。

宋子文对盛家兄嫂透露过想与七小姐见面的愿望，盛家兄弟就热心地安排了一次活动，因为担心七小姐知道了不肯来，事先并未告知实情。七小姐应邀前来喝茶聚会，想不到看见宋子文也在场。看到七小姐走进来，宋子文主动上前搭话。可七小姐一脸冰霜，丝毫不肯给宋子文面子。她不要听宋的任何解释，兄弟姐妹们都劝她留下来共进晚餐，但七小姐站起来冷冷地说："不行！我丈夫还在等我呢！"说完拂袖而去。事后每当有人问起这件事，盛爱颐总是说："他正高官厚禄，春风得意，我何必去巴结他呢？但话也得说回来，他那把金叶子还没还我呢！"

天有不测风云，盛家在后来的日子中屡遭麻烦，在紧要关头，有时还不得不求助于这个宋大部长。一次，盛老四的儿子盛毓度被关进了监狱。盛家兄妹自然是急得团团转，能动的脑筋都动了，能托的人也都托遍了，可是就是不见放人。最后，大家只好央告盛爱颐给宋子文打个电话。盛爱颐经不住家人哀求，就给宋大部长打了个电话。宋子文一口答应下来，满屋子家人一阵狂喜，盛爱颐却觉得一阵心酸，她明白，宋子文心里还是有她的。第二天中午，盛毓度果真被放出来了。

盛家已经今非昔比，开始败落，家族中最为富有的盛老四在生意

倾
城

盛家姐妹，右一是盛爱颐

上也栽了跟头。七小姐夫妇生活平稳，生有一双儿女。

1949 年上海解放，盛爱颐选择留在上海。她住在市中心的一处联体花园别墅区，独立门户，楼高三层，楼下有一方花园。盛爱颐喜欢书法，写得一手漂亮的毛笔字，朋友中常有人来讨她的墨宝。1956 年公私合营以后，虽然固定资产没有了，但能按季度拿到定息，生活过得还算安定、舒适。

三年自然灾害后，丈夫病逝。盛爱颐常常搬出一把小椅子，坐到自家门口，优雅地抽着雪茄，从袅袅烟雾中，闲观着路上来往的行人。

盛氏三姐妹：盛关颐（中）、盛爱颐（右）、盛方颐（左）

家族天翻地覆，世间悲欢离合，都已化作黄粱一梦，随风而去。

七小姐晚年患病期间，宋庆龄曾叫她办公室的工作人员专程从北京来探望她，这大概也与宋子文有关。七小姐活到83岁，临终的时候，她依旧干干净净，一脸镇静，非常体面，非常从容。

因为要"门当户对"，不知拆散过多少姻缘。阴错阳差，盛家当时已经开始"衰落"，却放不下"瘦死骆驼比马大"的面子，没有看出宋家的"蒸蒸日上"，错过了宋子文这支"潜力股"。对于盛爱颐来说，没能嫁给宋子文可能是一种遗憾，但对于宋子文来说，并非是坏事。论长相、气质，盛爱颐要比张乐怡略逊一筹。

倾城

民国版『庐山恋』

张乐怡

张乐怡系庐山人，1907年生于避暑胜地云中山城牯岭，其父是建筑老板张谋之。张乐怡自幼聪明伶俐，是当年上海中西女中的校花。她在南京金陵大学毕业后回到庐山，参与张家企业管理。十八九岁时的张乐怡，高高的个子，加上一头乌黑光泽的秀发和美丽动人的不俗长相，处处散发着青春的活力。她会一口流利的英语，是张家对外社交活动的得力翻译。由于平日参与一些社交活动，增长了不少见识，所以，家人都称赞她知书达理，是一位聪明能干、很有教养的千金小姐。

1927年，新任南京政府的"财政部长"宋子文上庐山避暑。一上庐山，他便体会到庐山真是一个清凉世界，与武汉、南京的暑热是截然不同。置身如此风水宝地，他油然而生地想给母亲倪桂珍在庐山建造一幢别墅，当地官员就向宋推荐了张谋之。

一天，张谋之设家宴招待宋子文。当张乐怡向宋子文敬茶时，他笑眯眯地说："不要叫我宋部长，就叫我……"一时想不起要她叫什么好。

"那我叫你，安哥（uncle）好不好？"张乐怡雀跃地跳着，天真地问道。深懂英语的宋子文，知道"安哥"就是叔叔的意思，在年龄上相形见绌，掩住失落感，仍高兴地说："张小姐，那我叫你什么名字？""就叫我张乐怡呗。"张乐怡喜悦地说。

面对这样一位明眸皓齿、如花似玉又落落大方的漂亮女孩，饱尝失恋之苦的宋子文忽然爱火复燃，相识恨晚。宋子文想了一个借口，以恳求的语气，向张老板提出："今天下午，我想到有名的景点去看看，想请乐怡小姐带带路，不知可否？"同时他又顺便巧妙地向张老板表白虽然曾与盛七小姐有过一段恋情，但失恋后一直未娶，还是单身一人。这一番表白，有力地消除了张老板和他的女儿张乐怡的疑虑。

倾城

1942年，宋氏兄弟及其夫人在美国华盛顿共度圣诞节时留影。左起：宋子安与夫人吴其英、宋子良夫人席曼英、宋子文与夫人张乐怡、宋子良

这天下午，张乐怡陪伴宋子文游览了大林寺、花径、仙人洞、大天池等风景点。他们玩得非常高兴，上演了一出民国版的"庐山恋"。

经过失恋痛苦的宋子文懂得这次该如何倾心于张小姐。张家虽不如盛家富有，但张老板尊重自己的人格，张乐怡真实倾心地爱着自己，他心满意足了。经过一段时间接触，宋子文真诚地向张乐怡求婚。张乐怡望着这个比自己大13岁，但有才华、有魅力的男人，深情地说道："安哥，我答应你！"

"乐怡，别再叫我'安哥'！就叫我子文嘛！"宋子文用征求的语气说。

宋子文与夫人张乐怡

1945 年，宋子文及夫人张乐怡会见
美国官员

张乐怡听了，激动得淘气起来："那就叫子文，子文，我的好子文！"
当天下午，张乐怡回到家后，立即告诉父母，宋子文已正式向她求婚，
并许下山盟海誓，真情的承诺。张老板和张乐怡的妈妈听了非常高兴，
说这是天赐良缘，同意缔结这门亲事。

1928 年秋天，宋子文和张乐怡喜结良缘。从此，宋子文成为庐山
建筑业老板的乘龙快婿。张乐怡与宋子文结婚后成为宋家掌门人，为
宋家奉献终身。婚后，宋子文每年都会陪同张乐怡回到庐山张谋之家
探亲，拜会岳父岳母。

倾
城

20世纪50年代初，宋子文夫妇与女儿、大女婿合照。后排左起：小女儿瑞颐、大女婿冯彦达、大女儿琼颐、二女儿曼颐

张乐怡嫁给宋子文后，相夫教子，十分贤惠。宋子文出任外交部部长后，有些场合是需要夫人出席的，张乐怡总是表现得体，彬彬有礼，使许多外国朋友都感叹"宋夫人"的风采。

中华人民共和国成立前夕，张乐怡随丈夫离穗赴港，后定居纽约曼哈顿。1971年4月24日晚，宋子文夫妇在旧金山参加一个朋友家的聚餐时，宋子文因食物进入气管，导致心力衰竭而猝然去世，时年77岁。当时，尼克松总统发去唁电，云："他报效祖国的光辉一生，特别是他在第二次世界大战期间，为我们共同的伟大事业所做的贡献，将永远使美国朋友们铭记不忘，和你们一样，我们感到他的逝世是一个损失。"

1988 年，张乐怡在纽约病逝，终年 81 岁。宋子文没有儿子，生有三个女儿，长女琼颐，嫁与冯彦达；次女曼颐，嫁与余经鹏；小女瑞颐，嫁与杨成竹。有的从政，有的从商，都定居美国。张乐怡生前曾多次表示，心系大陆，心系庐山，作为炎黄子孙，希望有生之年能回祖国看看。

宋、张婚姻堪称圆满。回想当时宋子文失恋的痛苦和被张乐怡称为"安哥"的失落，其实都不是坏事。失恋的磨难是成功男人的宝贵经历；十多岁的年龄差也不应是婚姻的障碍。完美的婚姻不能只凭感觉，有时更需要理性。

倾
城

林徽因

浪漫中的理智抉择

1904 年 6 月 10 日，林徽因出生在杭州，是北洋军阀段祺瑞政府司法部长林长民的长女。1916 年，因父在北洋政府任职，其父举家迁往北京，林徽因就读于英国教会办的北京培华女中。1920 年 4 月，随父游历欧洲，在伦敦受到房东女建筑师影响，立下了攻读建筑学的志向。作为一个作家和中国第一位女性建筑学家，林徽因可谓文理兼备，她被胡适誉为中国一代才女。在林徽因的感情世界里有三个男人：一个是梁思成，一个是诗人徐志摩，一个是学界泰斗、终身未婚的金岳霖。

　　16 岁的林徽因在随父游历欧洲期间，结识了与父亲早已相识、正在英国留学的徐志摩。徐志摩仿佛看见下凡的仙女，颀长秀挺的身材、俊逸潇洒的气质、纯真谦和的微笑，令徐志摩神魂颠倒。情窦初开的林徽因，读过徐志摩的诗，两人一见如故，相见恨晚。

　　其实，游历欧洲之前，林父就有让女儿与好友梁启超之子梁思成结为连理的想法，也并不看好已有家室的徐志摩。然而，热情浪漫的才子徐志摩疯狂地追求着心中所爱，更是一心摆脱旧有婚姻的束缚，期盼能与林徽因走入新的婚姻殿堂。少女时代的林徽因也很难不被徐志摩聪颖的才气、渊博的知识、风雅的谈吐和英俊的外表所吸引，却也悲悯徐妻张幼仪的婚变遭遇。

　　张幼仪是上海巨富张润之之女，她的两个哥哥张嘉璈、张君劢，一个是中国银行总经理，一个是政界的显赫人物。1915 年，15 岁的张幼仪在父亲和哥哥的安排下，嫁给了出自江南富商家庭，且才华横溢的徐志摩。然而，看似门当户对的婚姻，对于新潮的徐志摩来说，一直只是父母之命、媒妁之言，缺少想象中的浪漫爱情。尽管两人已育有一子，当时张幼仪又怀孕在身，加之家人的劝告，仍然没有

倾
城

1916 年，林徽因（左一）与一起在　　林徽因与父亲林长民在伦敦
培华女子中学读书的表姐妹们合影

办法挽留徐志摩的心。1922 年，张幼仪生下幼子后与徐志摩协议离婚，后又痛失幼子，但张幼仪最终以独有的坚强和智慧走出了人生的困境。

　　林徽因深爱着徐志摩，但张幼仪的影子在她心中始终拂不去，经过痛苦的思索，林徽因最终和父亲一起提前回国了，而且是与志摩不辞而别。林徽因曾冷静地说："徐志摩当时爱的并不是真正的我，而是他用诗人的浪漫情绪想象出来的林徽因，可我其实并不是他心目中所想的那样一个人。"

　　从这个选择上，可以看出林徽因早萌的智慧和理性。徐志摩的浪漫指数绝对在梁思成之上，但从做丈夫的合适度来看，梁思成应占上风。这从后来的事实中可以得到验证。但在当时，对于一个涉世不深的少女来说，作出理性抉择还是有一定难度的。

有人说，"徐志摩对她的热情并没有引起同等的反应。他闯进她的生活是一项重大的冒险。但这并没有引得她脱离她家里为她选择的未来的道路"。徐志摩写给林徽因的那首有名的《偶然》诗是这样写的："我是天空里的一片云，偶尔投影在你的波心，你不必讶异，更无须欢喜，在转瞬间消灭了踪影，你我相逢在黑夜的海上，你有你的，我有我的，方向，你记得也好，最好你忘掉，在这交会时互放的光芒。"这是徐志摩对林徽因感情的最好自白，一见倾心而又理智地各走各的方向，这就是世俗所难理解的一种纯情。徐志摩认为，自己的所作所为不仅是为了追求林徽因，而且是为了追求理想的生活境界。

徐志摩知道自己的"情敌"是恩师梁启超的二公子梁思成，知道自己不是"强敌"的对手，最后慢慢退出。回国后的林徽因与梁思成在两家的支持下，逐渐交往。1923年5月，梁思成因参加游行被车撞伤，林徽因每天都去照顾。车祸导致梁思成腿部残疾，但两人的感情日渐深厚。也就在这个时候，受林徽因影响，梁思成决定要学建筑。共同的爱好与追求，为两人未来的婚姻奠定了坚实的基础。

1923年，徐志摩、胡适等人在北京成立新月社，林徽因常常参加新月社举办的文艺活动，曾登台演出印度诗人泰戈尔的诗剧《齐德拉》，饰演主角齐德拉公主，台词全用英语。她流利的英语和俊秀的扮相，在文艺界同人中留下深刻印象。1924年4月23日，印度诗哲泰戈尔来华访问，在日坛草坪讲演，林徽因搀扶其上台，徐志摩担任翻译。

倾城

林徽因、泰戈尔、徐志摩

文载："林小姐人艳如花，和老诗人挟臂而行，加上长袍白面、郊荒岛瘦的徐志摩，犹如苍松竹梅的一幅三友图。"一时成为京城美谈。频繁的接触，林徽因感觉到徐志摩对自己还存有"想法"。

梁启超为了防止"节外生枝"，又不致徐志摩伤心，决定让儿子梁思成与林徽因赴美留学。1924 年 6 月，梁、林两人同时赴美攻读建筑学。由于当时美国宾州大学建筑系不收女生，因此她改入该校美术学院，而主要仍选修建筑系的课程，实现了自己的志愿。

梁思成与林徽因在一起　　　　林徽因在踩高跷

　　林徽因经过一番理性的考虑，同意了父亲为她定的婚事，嫁给了梁思成。1928年春，林徽因与梁思成在渥太华举行婚礼。8月，夫妻偕同回国，一起受聘于东北大学建筑系。婚后，梁对林呵护备至，夫妻二人致力于他们所热爱的建筑事业，用现代科学方法研究中国古代建筑，成为这个学术领域的开拓者，后来他们二人在这方面获得了巨大的学术成就，为中国古代建筑研究奠定了坚实的科学基础。

　　林徽因经常作为"主持人"在家里举行沙龙聚会，金岳霖是梁家

倾
城

林徽因与梁思成结婚照

沙龙的座上常客。他们文化背景相同，志趣相投，交情也深，长期以来，一直是比邻而居。金岳霖对林徽因人品才华赞美至极，十分呵护；林徽因对他亦十分钦佩敬爱，他们之间的心灵沟通可谓非同一般。甚至梁思成、林徽因吵架，也是找理性冷静的金岳霖仲裁。金岳霖自始至终都以最高的理智驾驭自己的感情，爱了林徽因一生。

1931 年，梁思成从外地回来，林徽因很沮丧地告诉他："我苦恼极了，因为我同时爱上了两个人，不知道怎么办才好？"梁思成第二

1930 年左右，林徽因已经成长为
美丽的少妇

生活中的金岳霖是一个风趣率真的人

天告诉林徽因，"你是自由的，如果你选择了老金，我祝愿你们永远幸福。"林徽因后来又将这些话转述给了金岳霖，金岳霖回答，"看来思成是真正爱你的，我不能伤害一个真正爱你的人，我应该退出。"于是从此三人终身为友。

徐志摩飞机失事后，林徽因与徐志摩的其他友人一起在北平主持公祭，后来还多次表达了怀念哀悼之情。

梁、林夫妇在事业上相互支持，比翼双飞。从 1930 年到 1945 年，梁思成林徽因夫妇二人共同走过了中国的 15 个省，200 多个县，考察

倾
城

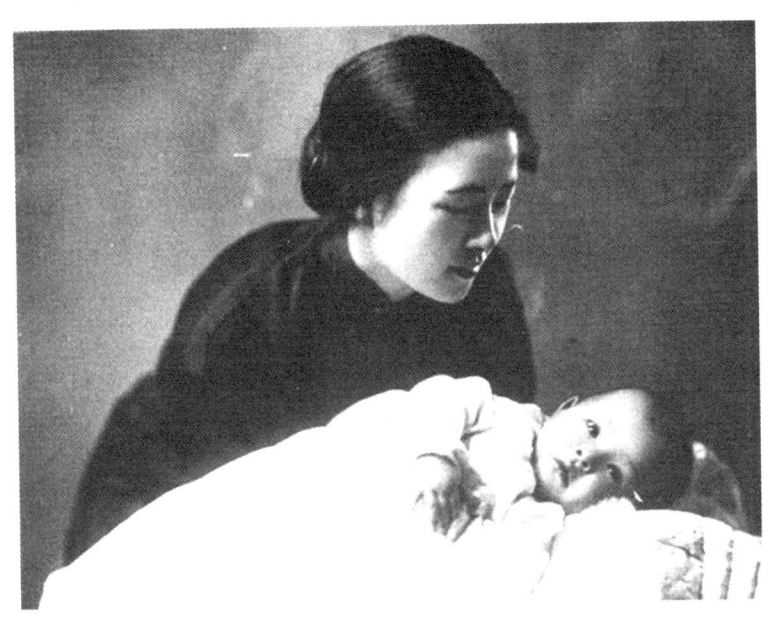

充满母爱的林徽因

测绘了 200 多处古建筑物，很多古建筑就是通过他们的考察呈现在全国乃至全世界的面前，从此加以保护。林徽因夫妇因为看到共产党保护北京的文物，而反对国民党的高校南迁，从而选择留在北京建设新中国。

林徽因非常赏识沈从文，很早就看出他日后必大有建树。沈从文与张兆和结婚后，与梁、林夫妇友谊深厚，常约林徽因写稿。林徽因佳作频出，在读者中获得很高声誉，奠定了在文坛的地位，还成为一个小说家。

1953 年，文化部组织的欧美同学聚餐会上，林徽因冲动地指着北京市副市长说："你们真把古董给拆了，将来要后悔的！即使再把它恢复起来，充其量也只是假古董！"在这样的一种心境下，林徽因的病情急剧恶化，最后拒绝吃药救治。1955年4月1日清晨，林徽因去世，年仅51岁，留下的文学著作包括散文、诗歌、小说、剧本、译文和书信等，其中代表作为《你是人间四月天》、小说《九十九度中》等。

林徽因去世几年后，梁思成另娶了他的学生林洙。金岳霖有一天却突然把老朋友都请到北京饭店，没讲任何理由，让收到通知的老朋友都很纳闷。饭吃到一半时，金岳霖站起来说，今天是林徽因的生日。闻听此言，有些老朋友望着这位终身不娶的老哲学家，偷偷地掉了眼泪。

倾城

陆小曼

一半海水，一半火焰

徐志摩没能和才貌双全的林徽因结婚没什么遗憾的，因为还有个叫陆小曼的女人在等着他。这个女人带给他的是苦是甜，恐怕只有他自己知道了。

1903年9月，陆小曼出生在上海。她出身名门，其父陆定是晚清举人，在日本留学期间，不仅是日本名相伊藤博文的得意弟子，还参加了孙中山先生的同盟会。南京国民政府成立后，陆定历任司长、参事、赋税司长等二十余年；母吴曼华，出生官宦名门，多才多艺，对古文有较深功底。"小曼"两字就源自母亲。

陆小曼生得眉清目秀，肌白肤嫩，是家中的掌上明珠，被戏称为"小观音"。陆小曼6岁随母赴京依父度日，7岁进北京女子师范大学附属小学读书。9岁到14岁在北京女子中学读书。15岁那年，陆小曼转入北京圣心学堂。陆小曼生性聪慧，又肯勤奋学习，16岁已通英、法两国语言，还能弹钢琴，长于绘油画，师从刘海粟、陈半丁、贺天健等名家。学生时代的陆小曼，不仅才华出众，美丽也如含苞欲放，初露魅力，既具上海姑娘的聪明活泼，又有北京姑娘的秀丽端庄。在学校里，大家都称她为"皇后"。陆小曼因精通英、法两门外语，被北洋政府外交部部长顾维钧聘用为兼职外交翻译。这样，陆小曼才名正言顺地在会议及权要的舞会上大出风头。

1922年，陆小曼19岁了，清秀可人，婀娜娉婷。就在这一年，她奉父母之命与王赓结婚。王赓1895年出生在一个官宦家庭里，北京清华留美预备学校（清华大学的前身）读书后，考取官费留美，曾先后在密西根大学、哥伦比亚大学、普林斯顿大学就读，学习哲学和文学，后转入西点军校学习。1918年王赓在西点军校毕业时为全级137名学

倾城

安静读书时的陆小曼

生中第 12 名，美国四星上将艾森豪威尔就与王赓同级。后来大名鼎鼎的孙立人，曾是王赓的副手。可见，这个被陆母一眼相中的王赓，非同一般。

当蜜月的激动渐趋平静后，陆小曼渐渐发觉自己并不快乐，她觉得自己和王赓之间在性情和爱好方面有很大的差异。学军事出身的王赓为人刻板，不会取悦女人，虽"爱护有余"，却"温情不足"。而陆小曼浪漫天真，富于幻想，渴望温存。于是，王赓认为妻子没有尽到责任，守住妇道人家本分；陆小曼则认为丈夫古板，不够体贴。

罗素在北京与讲学社同人合影。前排右起：罗素、勃拉克女士、蒋百里。后排右起：
孙伏园、王赓、赵元任、翟世英

结婚第三年，王赓被任命为哈尔滨警察局局长，王赓要小曼随同
前往，陆小曼就到哈尔滨住了一段时间。据说由于陆小曼当时是名满京
城的社交界人士，因此她到哈尔滨后，哈尔滨的大街小巷到处贴满了她
的海报。但是陆小曼在哈尔滨住不习惯，不多时，就回北京娘家居住，
与王赓两地分居，因此与丈夫的感情更加淡漠了，婚姻的凄苦由此开始。

陆小曼心高气傲，绝不肯让人知道自己是一个失意者，是一个不
快乐的人。于是她过着隐瞒性情、忍泪假笑的生活。就在这种心态下，

倾
城

陆小曼风姿绰约　　　　　　　　　陆小曼生活照

浪漫诗人徐志摩似天外来客，闯进了陆小曼的心扉。

　　徐志摩与原配张幼仪离婚后，林徽因也决定结束与徐的恋情，和未婚夫梁思成共赴美国求学。"鸡飞蛋打"，徐志摩灰心到极点的时候，遇到了同样忍泪度日的陆小曼。他们的相遇，使他们的忍泪和灰心渐渐化成了愉悦和希望，这段万众瞩目的惊天爱情就此拉开了序幕。

　　陆、徐两人，一个是窈窕淑女，情意绵绵；一个是风流才子，风度翩翩；一个是含露玫瑰，一个是抒情的新诗，干柴碰上烈火，怎么会不迸发出爱情的火花？从此，徐志摩成了王家的常客。由于王赓专注于工作和前途，没有注意到"情敌"的杀入。

刘海粟鼓励徐志摩追求陆小曼，在上海有名的素菜馆"功德林"宴客，所请的客人中除徐志摩、王赓、陆小曼母女外，还有张歆海、唐瑛、杨杏佛、李祖法等人。陆小曼知道今天宴会的用意，但美慧聪颖的她非常沉得住气，显得落落大方。她不刻意地去看徐志摩，她不能让徐志摩太得意忘形；她对王赓虽然一直缺乏绵绵的情意，但在这种场合，她绝对不会让自己的丈夫有难堪的感觉。刘海粟大谈自己拒绝封建包办婚姻，从家里逃了出来，追求幸福婚姻的经过。王赓似乎知道了刘海粟的用意，推托有事先走。徐志摩很开心，十分感激刘海粟为他所做的一切；陆小曼表面上一脸的沉静，但内心也很复杂，她当然希望能和徐志摩结合，但刚才看到丈夫一瞬间尴尬的表情，又有些慌乱。

就在王赓答应和自己离婚不久，陆小曼突然发现自己有了王赓的骨肉，令她痛苦万分：如果生下来，那她将很难和王赓离婚，也就无法和徐志摩结合，一年多的努力也将付之东流；如果打掉，又觉得对不起小孩，对不起王赓。考虑再三，为了爱情和自由，陆小曼选择了流产。而且她决定既不告诉徐志摩，也不让王赓知道，苦果只由自己一个人品尝。她偷偷地带了个贴身丫头，找到一个德国医生做手术，对外则谎称身体不好去休养一段时间。没料到手术非常失败，从此身体一蹶不振，始终不能生育。1925年底，陆小曼与王赓解除了不到4年的婚姻。

虽然陆小曼和王赓离婚了，但她和徐志摩的婚事还是好事多磨，她的再婚遭受到两方面的强大压力。一是陆小曼母亲的反对。陆母一

倾城

1926 年 10 月 3 日，陆小曼和徐志摩
在北京北海公园结婚

陆小曼、徐志摩在花园中游玩

直不同意女儿和徐志摩来往，与王赓签离婚协议也是陆小曼的父亲背
着她办的。徐志摩的老师梁启超也看不惯陆小曼，以证婚人身份说：
"愿你们这次是最后一次结婚！"

　　1926 年，陆小曼与徐志摩克服重重阻力终于结婚。婚后，徐志
摩想生个孩子，陆小曼尽管心里痛苦万分，但她无法诉说隐情，只
是回答："你不是有阿欢了吗？"也正是因为陆小曼一直不能生育，
所以她后来特别喜欢认干女儿。1926 年 11 月，陆小曼随徐志摩回

到家乡海宁，受到婆婆的冷遇，地位不及张幼仪。后来随着战事的临近，徐志摩和陆小曼不得不中断了这一段新婚燕尔如世外桃源的生活。

二十世纪二三十年代，在中国的社交舞台上，有"南唐北陆"的说法，陆小曼与上海的唐瑛是民国时期最耀眼的交际名媛。陆小曼随徐志摩来到上海后，在这光怪陆离的花花世界里，生活颓废、奢侈放任，花钱如流水。陆小曼从小身体就不好，受朋友翁瑞午的影响，吸上了鸦片，以减少病痛，变得越发娇慵、懒惰、贪玩，完全没了当初恋爱时的激情，似乎不再是一个有灵性的女人。

对于陆小曼这样从小养尊处优的"极品女人"，不但需要情感的滋润，金钱的支持也必不可少。深爱陆小曼的徐志摩，爱得好辛苦，为了维持妻子的高额开销，不得不同时在光华大学、东吴大学、大夏大学三所学校讲课，课余时间还赶写诗文，以赚取稿费，即便如此，仍不够陆小曼的挥霍。陆小曼以病体为借口，不愿离开上海。徐志摩要在南京中央大学教书，并兼任中华书局编辑、中英文化基金会委员，只好在上海、南京、北平三地来回奔波。为了省钱，徐志摩常蹭免费飞机坐，终于1931年因飞机失事身亡。世人更多是把徐志摩英年早逝的缘由，全都加在了陆小曼身上。

丈夫的离世，使陆小曼遭受重大打击，人变得消极而沉寂，仿佛变了一个人。王赓在"一·二八"之后，违反军规想去探望孤独的前妻，却被日军抓获，涉嫌出卖军事机密，而被解职关押，从此失落。

陆小曼自觉珍视，洗心革面，不再浮华世表，潜心个人画艺，还写了部小说《皇家饭店》。但是因为离不开鸦片，陆小曼也没有

倾城

翁瑞午与陆小曼

离开"只有感情，没有爱情"的翁瑞午。翁瑞午没有抛弃发妻，对陆小曼仍照顾有加。上海解放后，陆小曼成了上海画院画师。1965年4月3日，一代才女、旷世美人陆小曼在上海华东医院过世，享年62岁。

凌叔华

徐志摩『唯一有益的真朋友』

其实，徐志摩与陆小曼并非最合适的一对，两人的结合也是"阴错阳差"。徐志摩的短暂一生中，还有一个令他情困的女人。

凌叔华，原名瑞棠，笔名叔华、素心，1900年3月25日生于北京干面胡同的一个官宦之家。其父凌福彭为光绪十九年进士，历任清朝户部主事、天津知府、保定知府、直隶布政使等职，后又任职于袁世凯的北洋政府。凌福彭也酷爱绘画，曾与齐白石、姚茫父、周肇祥、金城、王梦白、陈半丁等著名画家来往甚密，凌家常聚文人墨客，正所谓"谈笑有鸿儒，往来无白丁"。凌福彭妻妾众多，凌叔华是家中的第10个孩子，她出生不久，因义和团起义爆发，凌家便搬回了广东番禺老家，后再返回北京。1906年，6岁的凌叔华用炭棍在家里的墙壁上画满了山水、动物和人。这些涂鸦被擅长画山水兰竹的画家王竹林看到了，王竹林惊喜地对凌叔华说："你的画很有风格，你是天才，你会成为大画家的！"王竹林主动提出要收凌叔华为徒。凌福彭听到王竹林对女儿的称赞，发现了这个女儿的绘画天赋，欣然让叔华拜王竹林为师，自此，凌叔华开始正式学习画画。后来，她又在王竹林的推荐下，拜曾为慈禧画过像的名画家缪素筠为师。此外，凌叔华还师从过郝漱玉、陈半丁，并得到齐白石等人的指点，画技突飞猛进。学画的同时，还跟康有为习字，跟辜鸿铭学英文和诗词。凌父十分重视子女们的教育。1912年，12岁的凌叔华和几个兄弟姐妹一起赴日本留学，一年后回国，入天津第一女子师范学校，1921年入燕京大学学习。学生时代的凌叔华不仅画名远播，而且陆续在报刊发表了一些文学作品，成为五四时期众多走出闺门、接受新思想的女性作家之一，一度与林徽因、韩素音、谢冰心并称为文教界的"四大美女"。

倾
城

诗人徐志摩

　　1924 年，印度大诗人泰戈尔访问中国，这在京城文学界引起的骚动不亚于台风登陆。其实，泰戈尔不仅善诗文，也爱绘画。负责接待泰戈尔的众多文化人经过商议，要为泰戈尔安排一场别开生面的画会。此前，凌叔华家的大客厅，就是北京绘画界名士聚集交流、组织活动、举行画会的地方，凌叔华作为主人接待此类活动也是得心应手。5 月 6 日下午，凌叔华以女主人的身份主持这场世纪大聚会，她穿梭于名流之间，谈吐珠玑，风华绝代，倾倒了在场所有男人。其中就包括徐志摩和后来成其夫君的陈西滢。陈西滢是个留英博士、学者、评论家，曾与鲁迅有过笔战，因此成为中国新文化运动史上的一名"反派"角色。

凌叔华是令徐志摩一生为情所困的四位女性之一，另外三位分别是张幼仪、林徽因和陆小曼。据说，泰戈尔曾对徐志摩说过，凌叔华比林徽因"有过之而无不及"。林徽因当时已有婚约在身，因此对徐志摩自然是以礼相待，而凌叔华和陆小曼却都因欣赏徐志摩的才气，而与之越走越近。

徐志摩双美在侧，自然高兴非常，他双管齐下，与陆小曼、凌叔华同时交往并通信。但毕竟，陆小曼是已婚之人，徐志摩多少有些顾忌。而凌叔华是自由之身，加之徐志摩对凌叔华的才貌很欣赏，他破例为凌叔华的第一部小说《花之寺》作序。他的处女诗集《徐志摩的诗》出版扉页上的题词"献给爸爸"，就是出自凌叔华的手笔。二人的交往便越来越密切了，相识半年光通信就有七八十封，差不多两天一封，再加上聚会，可以说这显然超出了一般的友谊。这恰恰表明凌、徐二人相知极深。

然而徐志摩对凌叔华的感情，却又如雾里看花一般，两人仿佛是一种比朋友更亲、比恋人略淡的说不清道不明的关系。看他们含含糊糊地交往，仿佛感觉原来其实是"粉蝶无踪，疑在落花深处"的知己。

凌叔华也很豁达，在与徐志摩嘘寒问暖的同时，也与陈西滢音讯不断。其间，当陆小曼活跃于徐志摩的视线后，徐志摩渐为陆小曼的艳丽、热情所融化。在那段时间内，徐志摩同时在两个女人间周旋，喜剧或曰悲剧也就缘此开场了。

1924年8月，徐志摩由印度回国，住在上海新新旅馆，同时收到凌叔华、陆小曼两封信。第二日早晨，徐志摩的父亲徐申如前往看望

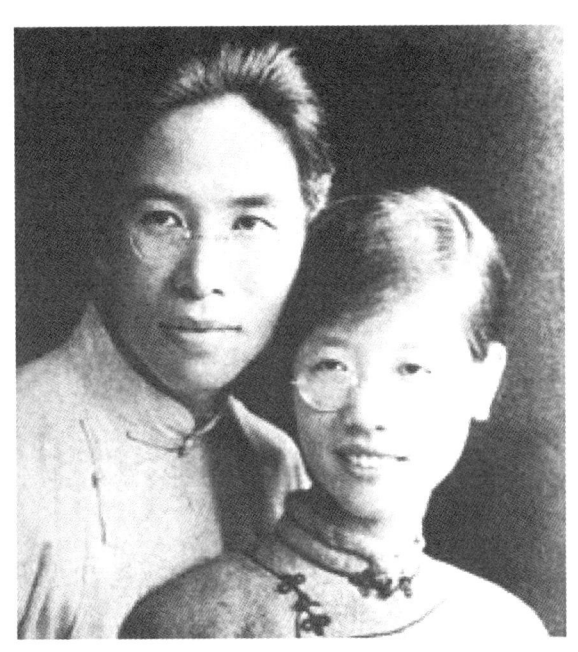

陈西滢和凌叔华的"名门联姻"

徐志摩，陆小曼的丈夫王赓亦同时往候。徐志摩深知其父喜欢凌叔华，因此当徐申如到来的时候，即说："叔华有信。"然后就把放在枕边的一封信拿给父亲看。徐申如打开信来阅读，站在徐申如身边的王赓也跟着看，这时，徐志摩发现王赓的脸色大变，于是忙看了看自己的枕边。这才发现，凌叔华的信仍在，拿给父亲看的是陆小曼的信，徐志摩当下便失了声色，他知道自己闯祸了。

序幕一拉开，以后的故事逼得角色们将剧情发展下去，很快便进入了高潮。不久后，陆小曼与王赓离婚回到北京。徐、陆关系急转直

中年凌叔华

上，不久结婚。谁也难否认，这封"阴错阳差"的信把徐、陆逼到墙角，他们不得不快刀斩乱麻作出唯一的抉择。徐志摩敢作敢当，娶了陆小曼。徐、陆结婚时，给王赓也发了喜帖，王赓还送礼品，不失君子之风。

　　1926年6月，凌叔华从燕京大学外文系毕业，以优异成绩获该校金钥匙奖，任职北京故宫博物院书法绘画部门。7月，她与陈西滢结婚，对陈西滢充满信赖满意。1928年10月，陈西滢应聘到武汉大学任教，凌叔华一同前往，与袁昌英、苏雪林并称"珞珈三杰"。

　　凌叔华后来也曾公开澄清"拿错信"事件，她说："说真话，我

倾城

对徐志摩向来没有动过感情，我的原因很简单，我已计划同陈西滢结婚，陆小曼又是我的知己朋友。"徐志摩的情感纠葛本可以成为现代文学史上的一桩公案，可是却极少有人愿意提起，或许是关于徐志摩的感情方面做的文章已经太多，或许是这牵涉到一些当事人，人们就不愿意提起。

林徽因和凌叔华都与徐志摩的关系非同寻常。徐志摩将装有自己日记文稿及"不宜陆小曼看"的"八宝箱"两次寄存于凌叔华处。因为徐志摩确信："只有凌叔华是唯一有益的真朋友。"徐志摩因飞机失事丧生后，有关这个小箱子的秘密不胫而出。很多人对徐志摩的私人日记及他和女友们往来的书信，充满了极大的兴趣，纷纷打探起这个"八宝箱"的内容。陆小曼和林徽因都想得到这个箱子。林徽因遭拒后只好求胡适帮忙。

凌叔华私藏了两册牵涉是非的英文日记，勉强地把"八宝箱"交给胡适差来的信使。但胡适并没有按约将箱子送给陆小曼，而是送给了林徽因。本来还算得上是朋友的凌叔华与林徽因因此交恶，两人不再往来。

凌叔华的魅力对女人似乎通杀，对男人们更是无可抵挡。在珞珈山，凌叔华与27岁的英国诗人朱利安有过一段恋情，在武汉大学闹得人人皆知。朱利安作为"丢尽面子的洋教授"，不得不从武大文学院辞职，回到英国后战亡。在此之后，凌叔华开始用英文写作，回忆自己童年的生活。

1946年冬，陈西滢成为国民党政府驻联合国教科文组织常驻英国的代表；1947年，47岁的凌叔华带着女儿经美国抵英，与丈夫陈西滢一同在英国伦敦定居，开始了客居异国他乡的生活。

凌叔华和丈夫、女儿于伦敦公园

　　凌叔华一直思念与眷恋祖国。1970年3月29日，相伴40多年的丈夫陈西滢因病在英国去世。后来，凌叔华回到了祖国，她的晚年是在北京安度的。1990年5月22日，凌叔华在北京逝世。如一株兰草散尽最后一缕幽香，亦如一片树叶离开枝柯飘落于地，显得自然而然。她的离去也是平和宁静的。

倾
城

王汉伦

叛逆『称王』的影星

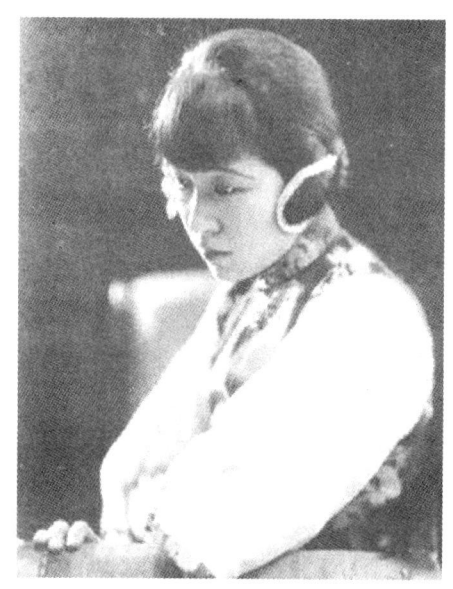

被誉为中国电影史上第一位悲剧女明星的王汉伦

中国第一位电影女明星王汉伦，原名叫彭剑青。这个名字乍听不像大家闺秀，倒有点古剑豪侠、江湖英雄的意味，其实这与她的个性和传奇生涯很相似。

彭家是苏州状元之家，而且是双份的状元，在清朝康熙和雍正年间出了祖孙两代状元。所以彭家在当地就获有一种特权，可以在自家大门口竖旗杆升旗，这是一般人家绝对不可以有的殊荣，因而当地百姓又称之为"旗杆彭"。苏州十全街上规模宏大的南畇草堂，就是彭家的老宅。彭家自从出了两代状元，读书做官、光宗耀祖成了治家的

倾
城

宗旨，后代中因科举获取功名的人着实不少。

　　比起彭家历代先贤，彭剑青的父亲彭名保在家族中不算特别出众，但其在光绪年间于安徽做官时也声名显赫。他注重实业，1889 年出任安庆电报局会办时，因设计制作出一部"传声器"而名动清廷，后这部"传声器"被认定为中国第一部电话机而载入史册。幼年时代的彭剑青，便随父母生活在安徽安庆一处被叫作"彭家桑园"的大宅院里。这样一个世代官宦的封建大家庭，各种规矩和章法就泛滥成灾了，儿女婚嫁也有了基本的"方向"。彭剑青的大哥娶苏州潘祖荫家族的小姐为妻；大姐嫁江西官宦人家桂次文；二姐彭绣冰嫁给李鸿章的侄孙李国模 (李蕴章的孙子)。彭剑青是家里最小的孩子，上面有 4 个兄长和两个姐姐，她比二姐小 20 岁。她出生在彭状元府的重重深院里，从小长得机灵、秀气，一双大眼睛特别明亮，脑袋瓜儿很灵活，学什么都一学就会。

　　1903 年出生的彭剑青是家中幼女，聪明伶俐，却并没有得到多少宠爱，还常常被人看不起。原因就是她的母亲是侧室，至今人们也讲不清她母亲的具体情况。在封建大家庭里，这就是"命"中注定的"硬伤"。因此，她们母女的地位就无法与大太太及其子女相比，什么事情都要矮人三分，在大家族有重要典礼时，她们甚至不能登大雅之堂……

　　正是这种与生俱来的尴尬境遇，为彭剑青注入了反抗的基因。父亲在世时，她进入了上海圣玛利亚女校读书。彭剑青显得有些孤僻，有时可以连续几天不跟别人讲话。但是洋学堂的教育，帮她打下了扎实的英语基础。同时，通过读文学作品，也帮助彭剑青开始接触西方

当教员时的王汉伦　　　　　　王汉伦的悲情人物形象深入人心

开放的思想观念。

　　彭剑青 16 岁的时候，她的父亲去世。经兄嫂决定，彭剑青中止了学业，立即嫁人，而且把她远嫁给东北本溪煤矿的一个姓张的商人。在东北，她生活很不习惯，而且婚后不久她就发现，丈夫跟一个日本女人鬼混。她精神上很受刺激，质问丈夫："你已经是有了妻室的人了，怎么还胡搞？"丈夫瞪起眼睛教训她说："有钱人家三妻四妾是常有的事，我的事你少管！"后来丈夫到上海的日本大昌洋行当买办，她随之重返上海。

倾
城

回到上海的彭剑青在兄嫂眼里，如泼出去的水，根本得不到关心。丈夫稍不顺心就要打她。当她得知丈夫在帮日本人做地皮买卖时，曾劝他不要干这种卖国勾当。丈夫火了，又对她拳脚相加。她受不了这个气，愤然提出离婚，丈夫给了她300元钱，算是赡养费。但王汉伦分文未收，离开了他。

　　结束了短暂婚姻的彭剑青回到彭家。谁知兄嫂不仅对她毫不同情，反而大为不满，不停地数落她。她明白了，自己在彭家早就是个多余的人，只好离开了彭家。她先是去虹口一所小学教书，但那年头教师收入太少，不够开销，她又去学英文打字。她人很聪明，一学就会，后来凭一手打字的功夫，进入一家洋行当打字员。过了不久，一个偶然的机会使她进入了明星影片公司，当上了一名电影演员，每月有20元的车马费，片子拍完后还有500元片酬，这下彭剑青可以自食其力了，她很高兴，自以为不必看别人的白眼了。

　　她怀着得意的神情把她这个新职业告诉了兄嫂，想不到并没有引起兄嫂的兴趣，反而令他们更加气急败坏起来。她嫂子劈头骂道："我们彭家是状元之家，戏子来家高板凳都不许坐的，如今你去当戏子，真丢尽祖宗的脸了！"当哥哥的更是破口大骂，说要把她弄到苏州彭家祠堂里去，接受家规的惩罚。彭剑青一听火气也上来了，多年的积怨一下子爆发出来："既然我不合你们彭家的家法，那我不做你们彭家人就是了！我们脱离关系好了！我们从此一刀两断！"这时她突然想到了山中称大王的老虎，因为老虎是天不怕地不怕的，自己就要像老虎一样无所畏惧、勇往直前才行。她眼前出现了老虎头上那个"王"字……脱口而出："我今后不姓彭了，我就姓王了！我再也不受你们

王汉伦与胡蝶

《孤儿救祖记》剧照，右为王汉伦，左为郑正秋的儿子郑小秋

管了！"说罢甩门而出。

从此彭剑青改名为王汉伦。汉伦是英国女孩名 HELEN 的汉译。1923 年，王汉伦主演《孤儿救祖记》，一举成名，红遍上海滩。可是她娘家的人仍没有为她感到高兴，还是看不起她，因为他们的封建意识已经根深蒂固，对电影明星一律以"戏子"论之。除了她的二姐彭绣冰有时还跟她通通音讯，其他人都与她断绝了关系。有一年她在南京出席一次很体面的宴会，想不到她的一个哥哥也在场。场面上不好

倾城

翻脸，她哥哥叫她王小姐，她叫她哥哥彭大爷，彼此还是谁也不认谁。

王汉伦以擅演悲剧而出名，在当时曾产生过较大影响。以后曾先后加盟"天一""长城""新人"等影片公司，主演了《玉梨魂》《摘星之女》《弃妇》《空门贤媳》等片。1929年，她自组成立汉伦影片公司，拍了一部《女伶复仇记》后就宣告结束。1930年，王汉伦急流勇退，告别影坛，以开办美容院维生。王汉伦在银幕上扮演的多半是"寡妇"和"弃妇"一类的角色，在银幕下的婚姻生活也是不幸的。

1933年秋，王汉伦赴杭州和一"风雅文士"王季欢在天然饭店结婚，并邀请著名律师章士钊证婚，但不久又离异。经历了两次婚姻的失败之后，王汉伦再也没有结婚。新中国成立后，王汉伦成为上海电影演员剧团成员，1978年病逝于上海。

殷明珠

以电影为媒的『海上明珠』

生于 1904 年的殷明珠，是江苏吴江县黎里镇人。其曾祖父是道光年间翰林，祖父是举人出身，在浙江乌镇做官，平时好学不倦，有诗文集多部，父亲殷星环，进学成为秀才之后，专事丹青书法，闻名遐迩。母亲张慕莲出身举人之家，知书达理，能诗能文，也会几笔丹青。

殷星环夫妇对于女儿，爱如掌上明珠，以"明珠"作为其爱称，后来大名尚贤不彰，"明珠"一名却享誉海内外。也许是遗传基因的作用，殷明珠从小受到家风的熏陶，自小对形象、线条、色彩有着极强的感悟。她 5 岁开始在父母的指导下学习绘画，先画花卉鸟兽，学一笔似一笔，画一幅像一幅。10 岁以后，明珠要求学绘仕女，一开笔就不同凡响，笔下的女子婀娜多姿、栩栩如生。殷明珠是吴江第四区女子学校"洋丫头"中最为突出的一位，敢于抛头露面，敢于发表意见，豆蔻年华的这颗明珠，正悄悄闪耀出她的光华。

正当明珠的思想、学问和绘事与日俱进的时候，她的家庭突遭不幸，父亲得急病去世，那一年明珠才 13 岁。殷星环在世时，喜欢购买"发财票"（即彩票），去世之日正好有幸得到头奖。画家虽然已经听不到这个喜讯，毕竟为母女俩留下了一笔不小的财产，办完丧事之后，余数仍相当可观。1917 年底，母女俩迁居浙江嘉兴，半年后再迁上海。

14 岁那年，殷明珠进了上海中西英文女校。在那里，天资聪颖的明珠似鱼得水。她在运动方面特别有天赋，身体的柔韧性极好，很快学会了骑马、骑自行车、驾驶汽车，还有游泳，就连女孩子不能参加的足球她也敢于上场，与男孩子较量直至终场。各种舞蹈她一学就会，唱歌更是拿手。同学们因她洋气十足，就称她为"F.F"（Foreign

殷明珠

作为中国第一代电影导演，但杜宇在中国电影发展史上开创了不少先河

Fashion 简写，意为洋派人物）。从此，"F.F女士"闻名上海，并有"首席校花"美誉。

　　16 岁那年，殷明珠出落得楚楚动人，身材颀长，鹅蛋形的脸庞，一双凤眼晶亮有神，不仅擅长运动，更喜欢模仿外国影星们的神态身姿。女校肄业后，殷明珠进入邮电局当职员。由于殷明珠能说会道，热情大方又彬彬有礼，加上一口流利的英语，使她在交际场上优游自如。但凡出现殷明珠身影的舞场、歌厅、咖啡厅等场所，必定人头攒动，众星捧月似的围着她转悠。

　　当时，导演但杜宇正在物色一位与影片角色相称的美人，在一场喜事上遇到了殷明珠，兴奋不已，直言相邀。殷明珠一向喜欢新潮，喜欢接受各种挑战，一听自己将走上银幕，就兴奋不已，两人一拍即合！

但杜宇出身于官僚世家，少时爱画，尤其擅长美女和花卉画，取艺名"杜宇"，即杜鹃鸟之意。家道衰落后，只身从江西到上海来谋生，始以试画月份牌谋生。除画美女外，但杜宇也画以抗日为题的漫画，受到读者欢迎。但杜宇也爱好摄影，对能活动的电影更感兴趣。某日，有外国人出卖摄影机，但杜宇便买下来，筹办电影公司，他先拍新闻片，作为实验。在刻苦钻研下，终于成功。他决心从美术家的角度拍摄一部尽善尽美的故事片《海誓》。殷明珠为女主角的中国第一部爱情片《海誓》1922年拍成公映。

但杜宇成为殷明珠进入电影界的引路人。电影事业把殷明珠和但杜宇的情感牢牢地维系在了一起。尽管明珠的母亲认为女儿拍电影似乎以色相示人，有伤殷氏门风，一度持反对态度，甚至不准明珠与杜宇往来，但是，殷明珠已经决心把自己奉献给中国的电影事业，她与但杜宇之间的感情也到了瓜熟蒂落的时刻。最后母亲想通了，不再以诗礼传家的旧观念苛求女儿，承认了他们的结合。在拍了《重返故乡》和《传家宝》之后，1926年春节，两人在杭州结婚。证婚人叶楚伧在致辞时说道："新郎为海上画家，为余旧友，新娘系黎里望族，与余有世谊。今日在杭结婚，而余为证婚人，其乐何如！"由恋爱到婚姻，由事业到家庭，故叶楚伧称赞他俩"一双璧人，天作之合"。新婚伊始，但杜宇和明珠仍牵挂新片，西湖蜜月没有度完，就回到上海。友人们讨喜酒吃，夫妇两人就在摄影场地设下宴席，招待宾朋，热闹一番之后，又投入了新影片的拍摄工作。

倾
城

殷明珠与但杜宇结婚照

　　殷明珠因为婚后怀孕，没能参演丈夫执导的古装巨片《杨贵妃》，《杨贵妃》上映后亏损严重，但杜宇几乎倾家荡产。危难之际，殷明珠拿出全部积蓄，帮丈夫渡过难关，重整旗鼓。在但杜宇共导演的 30 余部影片中，殷明珠就主演了《重返故乡》《传家宝》《盘丝洞》等近 20 部影片。两人配合默契，相得益彰。殷明珠的成名比胡蝶、阮玲玉早得多，堪称我国第一代影星。

　　1935 年春季，殷明珠斥资在家乡建造的小洋楼落成，她决定回乡

1925年，殷明珠主演的影片《重返故乡》

参加家族庆典。从上海乘轮船，整整一天航程，抵达家乡已是暮色苍茫的傍晚，天公又不作美，下起了一阵阵的蒙蒙细雨。那时的轮船码头建在镇的最西头，距望平桥还有好长一段距离。灰暗的天，灰暗的地，欢迎的乡亲们将一条小道挤得水泄不通。明珠从跳板上下来，忙着同乡亲们打招呼，谁知前脚刚刚落地，还没开步就倒了下去。"哎呀！小心！""伤着了没有？"欢迎的人惊叫的惊叫，询问的询问，一阵骚动。明珠站起来，朗声说道："不碍事，不碍事，我先给乡亲们请个安，请个安！"事后，殷明珠才知道，从镇上到轮船码头一里有余，

倾
城

尽是窄窄的泥路，码头更是简陋，只垒了几块石头，七高八低的，一不留神就会跌倒。在家乡逗留了几天，临别时，殷明珠拿出 5000 银元，给黎里西半镇的镇长，让他主持工程，用花岗岩条石修建一个码头，再铺设一条石子路。在 1964 年之前，家乡没有公路，这轮船码头一直是黎里人出行的起点，更是迎接游子归来的平台。

1989 年，一代影星殷明珠在香港逝世的消息传到黎里，家乡亲人默默哀悼。黎里镇文学和书画沙龙的一批文化人聚在一起，缅怀这位为电影事业作出了不朽贡献的乡贤前辈，大家合作了一副挽联：影坛肇基，往昔伉俪同奋力；桑梓受惠，至今里人感深情。

黄卓群

最美的上海市市长夫人

民国时期上海的地位就很特殊，市长之位炙手可热，黄郛、张定璠、张群、吴铁城、俞鸿钧、钱大钧、吴国桢、陈良等人先后担此要职。哪位市长夫人最美？吴国桢夫人堪称"史上最美的上海市市长夫人"。

吴国桢生于 1903 年，湖北建始人，1914 年，吴国桢考入天津南开中学，成绩优异，并很快与年仅 16 岁的周恩来结为金兰之交。1921年，吴国桢清华毕业后，被保送到美国留学。他先是在美国格林奈尔大学学习，主修经济，兼修市政。

在美期间，吴国桢与国民政府驻英大使郭泰祺之弟郭泰桢交谊笃厚，又与宋子文及宋美龄建立了密切的关系，为日后归国从政埋下伏笔。1927 年，吴国桢获得博士学位后回国，受蒋介石器重，历任国民政府外交部秘书、湖北省财政局局长、汉口市长、重庆市市长、外交部政务次长、国民党中央宣传部部长、上海市市长等要职。

1929 年的一天，26 岁的吴国桢路过中山大道民生路口，见品芳照相馆的橱窗里陈列着一张少女的相片，婀娜多姿，被深深迷住。吴国桢很想知道这是谁家的千金，他看见这位少女的照片是和当时有绯闻的电影明星杨耐梅的照片放在一起的，便灵机一动，计上心来。

吴国桢装着很生气的样子，走进照相馆，质问老板："你们怎么可以把人家千金小姐的相片，和一位名声不大好的电影明星放在一起招揽顾客呢？"看到老板愣在那里，吴又追问："你们知道不知道这位小姐是哪家有声望人家的女公子？"老板见吴国桢西装革履、气度不凡，胸前还挂着市政府的圆形徽章，知道他还是有点身份的，于是赶紧回答："她是汉阳铁厂黄厂长家的大小姐。"

这位黄厂长就是汉阳铁工厂的技师长黄金涛，早年也曾在美国留

吴国桢博士毕业照

上海时尚杂志《玲珑》刊登的黄卓群玉照

学。照相馆橱窗照片上的少女就是其长女黄卓群。黄卓群的祖父黄远嵩在清末光绪年间曾在南京的两江总督衙门当文案师爷。黄卓群生于1904年，从小受到良好教育。黄卓群当时正在上海中西女校读书，天生丽质，被誉为"校花"。上海的时尚杂志《玲珑》就曾经刊登过黄卓群的玉照。

　　品芳照相馆所拍的这张照片是黄卓群放假回汉口时所拍。照相馆添印放大，陈列在橱窗内，想招揽顾客，结果却引来一桩美满姻缘。吴国桢遂托自己经商的哥哥吴国炳和嫂子为其牵线，和黄卓群见了面，两人一见钟情。

吴国桢其貌不扬，但学历不凡，而且非常注重仪表，西装领带色彩配搭得体，头发梳得光亮整齐，戴着一副金边眼镜，看上去很有些儒雅之风。黄卓群对于年少得志的吴国桢印象很深。两人的浪漫爱情故事，轰动一时。

1930年，二人在汉口租界的一所教堂里举行了婚礼。婚后两人家庭生活幸福。黄卓群酷爱绘画，曾经拜多位知名画家为师，专攻彩墨，喜画花鸟虫鱼，之后也成为一位颇有名气的女画家。据说宋美龄后来习画，便是受黄卓群的影响。而且宋美龄刚开始学画的老师，也是黄卓群为她推荐的。

抗战时期，宋美龄赴美期间，蒋介石在宴请外宾时，就请吴国桢夫人黄卓群代做宴会时的主妇，她可以与"大名鼎鼎"的孔二小姐一样，不必通报蒋介石，就可以从自己家里走小道径直来到官邸宴会厅。除了帮丈夫搞好"夫人外交"，黄卓群也非常注意维护丈夫的声名。

抗战胜利后，黄卓群在南京夫子庙办过画展，有位男子在画展上一出手就订了40幅画，并交付了定金。当天晚上，那个订画的男子便找到黄卓群下榻的中央饭店求见。原来此人是粮食部的一个科长，这次是受武汉一大粮商的委托：希望黄能让吴国桢写一封信，给曾是吴部下的时任联合国救济总署湖北分署署长的胡某开个后门，倒腾十万袋美国面粉。黄卓群听了以后立刻对来客严词斥责，当场退还了定金。

1946年5月14日，被视为"亲美派"的吴国桢接替钱大钧出任上海特别市市长，直至1949年4月，长达3年。黄卓群则跟着丈夫来到了上海，住在现上海安福路201号。

倾城

1947 年，黄卓群在书房画画　　　　　　《永安》杂志封面上的黄卓群照片

　　这是个中西合璧的宅子。主楼是砖木结构西式洋房。东边有荷花池、回廊，池边竖有云水纹石柱，呈现着中式庭院风格。但在主楼东侧，建有音乐台与舞池，左右分列两尊希腊女神石雕，专供小乐队伴奏用，又呈现了西洋花园风格。

　　吴国桢和黄卓群夫妇一共生了二子二女共四个孩子。他们在上海的宅子里，有一个很漂亮的大草坪。节假日的时候，黄卓群会将家中仆人召集起来组成一队，与吴国桢率领的"子女队"对阵打槌球，一家子其乐融融。

1947年7月，上海市市长吴国桢一家

吴国桢每天早晨7点起床，8点30分准时到达市长办公室。有位美国记者目睹了当年情景："只听得他鞋跟声踢踏踢踏，身穿黑色制服的警卫向他敬礼。房内总共有7台电话机，一台分机连在他的桌子上，便于统一接听。他忙活得像是在上演一部卡通片，一直要忙到深夜。"

据当时媒体报道，吴国桢如果当天不加班的话，黄卓群便会从家中开车出发，去市政府门口接他，然后夫妻双双把家还。市政府本来给吴国桢派了司机，但是吴国桢宁可让夫人来接。夫妻感情之好可见一

倾
城

1947 年，上海市市长吴国桢主持集体婚礼。右边的新郎们穿着长袍马褂，左边的新娘们穿着旗袍，戴着盖头

斑。吴国桢不像很多达官贵人那样，小妾外室成群。对于麻将、扑克之类他也没兴趣，更别提赌博了。业余消遣就是看看电影，读读外文小说。

1949 年 12 月 7 日，国民政府迁往台北。12 月 15 日，蒋介石任命吴国桢接替陈诚担任台湾"省主席兼保安司令""行政院政务委员"，以利用吴国桢"民主先生"的形象，"全力争取美援"。

吴国桢是唯一先后担任过中国汉、渝、沪、台四大省市长官的政要。

四任省市长官期间所显示出来的为人与才能也为各方所赞赏。新中国成立前夕，著名外交家颜惠庆到北京参加国共谈判，对毛泽东说："你们只想做对中国有益的事，现在我们有一个非常好的上海市长，但你们却把他列入头等战犯。"

毛泽东回答："那丝毫没有关系，傅作义将军也是头等战犯，但他到我们这边来了。你回去告诉吴国桢，要他就待在那里，既然你们喜欢他，我们让他留在上海当市长。"几天后，中共地下党在周恩来的安排下派人与吴联络，但因吴的反共立场未能达成共识。

20世纪50年代初，随着美台关系的加强，吴国桢被蒋介石用于向美国示好的作用已经不大。在吴与小蒋的争权中，蒋介石开始公开偏袒蒋经国，排斥吴国桢，网罗了"背叛国家，污蔑政府，分化国军，挑拨政府与人民及侨胞与祖国的关系，居心叵测"等13条罪状，宣布解除吴国桢所有职务，开除党籍；对于有关"违法渎职"罪行，将彻底查办。

与吴国桢同期被蒋介石猜疑而被抛弃的还有孙立人。孙为蒋终生软禁，吴氏却在蒋夫人的关照下安然赴美，此中原因不只是文武之别。吴国桢晚年回忆蒋夫人是"很有吸引力和魅力的女人"，"蒋夫人个人对我和我的妻子一直很好"。战时，国民党高层中甚至传出吴国桢与宋美龄有染的绯闻。而吴国桢与宋子文也是过往甚密，甚至在宋氏与蒋介石发生冲突时，宋氏会想到请吴国桢居间疏解。

1954年，吴国桢一家离开台湾赴美定居。黄卓群学过英语，在美国生活没有语言障碍。但习惯做"官太太"的黄卓群到美国后，自然不会处处都有人笑脸相迎了。好在黄卓群对此倒并不在乎，依然忙里

倾城

吴国桢夫妇会见外宾

忙外做她的贤妻良母。

一位邻居评价黄卓群说："吴夫人美丽贤惠，且能文能画，多才多艺。平日除料理家务外，还能发豆芽，做豆腐，蒸馒头。最令人佩服的，她自己还能缝制西服，手艺精巧，式样大方，不逊于职业裁缝。"

吴国桢是周恩来少有的结拜兄弟。黄卓群对两人关系的描述是"同窗不同路"。"同窗"指周、吴两位是当年南开极要好的中学同学。"不同路"是指他们两人在政治上的分道扬镳。

吴国桢在美国受聘于《芝加哥论坛报》担任远东问题顾问，后任佐治亚州萨凡那阿姆斯特朗大学东方历史和哲学教授，直到退休。黄卓群不是一个有野心的人，所以丈夫当官也好，不当也好，她其实无所谓。她希望的只是夫妻恩爱，岁月静好，而这些都已实现了。1984年6月6日，吴国桢突然病故于美国佐治亚州萨凡那寓所，终年81岁。2002年，年近百岁的黄卓群去世。

倾
城

黄柳霜

好莱坞的傲慢与偏见

1905 年 1 月 3 日，黄柳霜出生在洛杉矶唐人街的花街，是一黄姓华人移民的第三代，英文名字叫 ANNA。黄柳霜的父亲黄善兴，在唐人街开一家洗衣铺来维持生计。黄家有 8 个孩子，ANNA 排行第二。偶然的一个机会，她去看了一场电影。没想到，这场电影完全改变了她的生活。

早期的好莱坞电影往往会特地到唐人街取外景。每每此时，ANNA 就会去街头拍片现场看热闹，回家后就对镜模仿着演员的脸部表情。很快，ANNA 便成了拍片现场的常客。那年，她才 9 岁。

1919 年，14 岁的黄柳霜终于等到上镜的机会。尽管那是《红灯笼》中一个无名的小角色，但无论如何，这个角色打开了她通往好莱坞的大门。好莱坞的导演们从此对这个中国娃娃有了印象，有需要时就会叫她。

1921 年，她终于争取到在电影《人生》中与当时的好莱坞大牌男明星 Lon Chaney Srt 搭档演对手戏。她的表演天赋令她不断出现在电影杂志上，黄柳霜这个名字开始引起人们的关注。17 岁，黄柳霜出演了好莱坞首部彩色电影《海逝》，楚楚动人的她获得好评如潮。《海逝》的成功，令黄柳霜又获得了一次机会，在《巴格达窃贼》中扮演一个漂亮的蒙古女奴。《巴格达窃贼》的电影海报传遍欧美和亚洲，票房十分喜人，成为当年好莱坞最卖座的片子之一。黄柳霜也随之名声大噪，甚至成了电影杂志的封面女郎。20 岁不到的黄柳霜已参加了十几部好莱坞影片的拍摄。但是，正如当时的华人永远无法进入美国主流社会一样，大红大紫的黄柳霜从来没有出演女主角的机会。

倾城

黄柳霜的经典造型

"东方女神"黄柳霜

齐颈短发，厚厚的额发直垂在一对睥睨着的神秘的单眼皮黑眼睛之上，高高的颧骨浓妆艳抹，再配两片嫣红的饱满的嘴唇——这是曾经一度为西方世界惊为天人的东方美女的经典造型。

　　黄柳霜的从影生涯，不幸正值美国社会种族偏见最强烈的时代。在好莱坞片中都把华人描写为强盗毒贩、杀人放火、野蛮无理、狡猾残暴等形象。影片中的华裔女性不是妓女就是女奴。黄柳霜作为好莱坞第一个华人女明星，如果坚持要在好莱坞占一席之地，就只能屈从于按西方人的观念塑造出的中国娃娃概念：艳丽暴露，软弱及充满屈辱感。这样的既定角色非但阻碍了她在演技上的进展，更给她带来来自华人社会的众多谴责和负面评价，令她成为美国国会 1882 年通过的《排华法案》的替罪羊。

　　种种遭遇令黄柳霜深感挫折。1928 年她毅然离开了好莱坞到欧洲发展。在德国拍的影片《歌》，令她的知名度又大大提升。1929 年她主演了《唐人街繁华梦》，成为她那个时期的代表作。

　　旅欧 3 年后，她重回美国，回到好莱坞。同年，她参加百老汇舞台剧《On the Spot》的演出。演出的成功说明她同样具备舞台剧的表演才能。《纽约时报》称她为"不可思议的纯情玉女"。在欧洲获得的盛名，使她得以与日裔男演员共同担当《龙的女儿》的主演。但中国的同胞仍不理解她。她的从影生涯受到极大打击，使她在据赛珍珠的《大地》改编的电影《大地》中落选。盛名之下的黄柳霜仍夹在美国强硬的种族歧视和华人高亢的民族主义夹缝之间。

倾
城

1928 年，黄柳霜（右）与姐姐黄露露在芝加哥

1936 年，好莱坞华裔女星黄柳霜首次回国，在南京留影

俏皮可爱的黄柳霜

穿旗袍的黄柳霜温婉端庄，有着东方女性
独特的魅力

因《大地》而"受伤"后，黄柳霜远渡太平洋到中国探望已从美国回台山老家定居的家人。在上海，她受到了热烈的欢迎，连带那些一向指责她的媒体，也对她十分友好。这样的欢迎令她感动万分。她交了许多中国朋友，包括一代戏剧大师梅兰芳，还有影后胡蝶。

黄柳霜回美国后不久，抗日战争爆发，她心忧如焚。在电影界的宴会上，在慈善机构的集会上，她多次发表演说，呼吁美国民众积极支持中国抗战。她将自己在中国选购的众多珠宝首饰拿出来义卖，将所得义款一分不留，于1939年汇回中国支持抗战。

1942年到1943年，宋美龄访问美国，在美国国会发表了那篇著名的演讲，宣传中国抗日，引起美国各界巨大轰动。在"影都"好莱坞，宋美龄也不失时机地对3万听众演讲，令美国人对中国、中国人和中国妇女有了更加客观的了解。在好莱坞的演讲台上，许多著名影星众星托月般地簇拥在宋美龄左右，唯独没有黄柳霜这位好莱坞唯一的华裔女明星的身影。

对中国怀有深情的黄柳霜为此十分失落。她确实想为报效祖国尽一份力，后来得知，恰恰是以宋美龄为代表的"祖国"将她拒之门外。理由是，黄柳霜代表的是只有洗衣店、餐馆老板、黑帮和苦力组成的旧中国人形象。

黄柳霜的明星身份，给她的婚恋也带来很多困难。当时美国华人分两大类——唐人街和留美定居下来的精英华人。前者大多传统节俭、保守本分，且文化程度低，就算黄柳霜不嫌弃他们，他们也不敢冒险娶这样一个拍电影的女子。后者多为专业人士，已打入白人主流社会，这些中西文化贯融的专业人士其实很合适黄柳霜的心怀，但他们往往也看不上黄柳霜这样的女性。

而在黄柳霜的内心深处，锁定的婚恋目标还是白人男性。她的初恋对象就是一个年纪大她两倍的白人。他是电影制片人米奇·尼兰，圈内出名的花花公子。情窦初开的黄柳霜与他很快坠入爱河。两人迅速发展到谈婚论嫁的地步，但最后尼兰还是离开了她。

于是，银幕外的黄柳霜重复了她在银幕上扮演的华裔女子的爱情悲剧。她一生始终没找到幸福的感情生活。黄柳霜没能步入婚姻的殿堂，也折射出华人影星在好莱坞的艰辛。

从 1950 年开始，黄柳霜基本上很少拍片。1961 年，黄柳霜在洛杉矶的家中病故，终年 56 岁。

倾
城

朱湄筠

『赵四风流朱五狂』的误解

朱湄筠于1905年出生在天津，从小喜欢英文，学业斐然。其父朱启钤曾任北洋政府交通部总长、内务部总长，代理总理。朱启钤为当时的社会名流，子女众多，与原配夫人陈光玑、继室夫人于宝珊共育有五子十女，由于他游历过欧美，思想开放，从不限制子女的社交活动，因此他家的小姐们活跃于交际场合，在社会上颇有名望。朱湄筠在家中女儿中排行第五，与其他几位姐妹都是"北洋名媛"。当时曾有人为三小姐朱淞筠写词曰："一辆汽车灯市口，朱三小姐出风头。"

"九一八事变"后，日军占领了我国东北。著名学者、大教育家马君武义愤填膺，于1931年11月20日在上海《时事新报》上发表了感时之作《哀沈阳》，其一为：赵四风流朱五狂，翩翩蝴蝶正当行。温柔乡是英雄冢，哪管东师入沈阳。诗中"赵四"指的是赵一荻，"朱五"就指北洋政府内务总长朱启钤的女儿朱湄筠，"蝴蝶"指胡蝶，系当红影星。不难看出，这首打油诗的矛头直指时任东北军统帅的张学良，斥责他在"九一八"日本关东军入侵之时不顾民族安危，只知风流快活，终致东北沦陷。对于马君武的诗，身为当事人的张学良、赵四、朱五均未置一词，只有电影皇后胡蝶在《申报》等报刊上刊登一则辟谣启事。

然而，张学良因判断失误导致失守是真，于日寇袭城夜与佳人共舞一事却纯属子虚乌有，事后亦被澄清。但诗中涉及三个女人，赵四、朱五、胡蝶，在当时却被一些不知情的民众视作祸国殃民的"红颜祸水"，一度受到舆论指责。张学良晚年接受采访时说："我最恨马君武的那句'赵四风流朱五狂'了，朱五是我秘书朱光沐的太太。他俩结婚的时候，是我给他们主婚。她小的时候，我就认得她，我同她的姐姐是朋友，仅仅是一般的朋友关系。她的四姐还嫁给了我的一位副

倾
城

朱启钤与两位夫人及五个女儿

官。"张学良一生风流，女朋友不少，对此也从不讳言。但张学良与朱湄筠之间确实没有什么，甚至于连一句玩笑也没开过。

张学良这番话，意在为他和朱湄筠没有马君武在诗中所指的暧昧关系作出澄清，同时他也说明了与朱湄筠女士的渊源。朱家和张学良家是世交，往来密切，彼此之间也颇有渊源。朱家四小姐朱津筠，1925 年在张学良的撮合下嫁给他的副官吴敬安。五小姐朱湄筠 1930年结婚，夫婿是张学良的秘书朱光沐，主婚的即为张学良本人。六小

马君武

姐朱洛筠嫁的是张学良的弟弟张学铭，朱洛筠不仅是张学良的弟媳，而且和赵一荻是中学时代的同学。朱湄筠作为"红颜祸水"，确实是个不白之冤。有一回在香港的宴会上，马君武坐在那里，朱湄筠就拿着个酒杯走了过去，说："马先生，你知道我是谁吗？我就是你诗中所写的那个朱五啊！来，我敬你一杯，我谢谢你了，你把我变成名人了!"马君武抬头一看，"朱湄筠"就站在自己面前，惊得他拔腿就走……

从朱湄筠与朱光沐的往来书信中可以看出他们两人间的亲密感情和与张家之间的密切关系。

倾
城

西安事变后，张学良被幽禁，朱光沐做了宋子文的秘书，当时住在美国，朱湄筠带着子女独自生活在香港。"朱五"再度登上历史舞台，却是充当了周恩来与张学良之间的信使。

20世纪60年代，周总理有心与被软禁在台湾的张学良接洽，但费尽人力物力亦无法打开渠道，他找来张学良的二弟张学铭商量对策，事情这才有了转机。周总理写下"为国珍重，善自养心；前途有望，后会可期"4句话16个字。考虑到张学良的安全，行事严谨的总理并没有在上面署名。总理把这封寄托着他对张学良无限思念与关切情感的短信郑重地交给了张学铭，希望张学铭设法尽快将信转到张学良的手中。

此后，张学铭夫妇在周恩来的精心安排下，将周恩来写给张学良的密信连同张学良胞弟张学铭、张学思写的两封信交给了在香港定居的朱湄筠，再由她带到台湾托付给朱十小姐浣筠，朱浣筠最终在张学良、赵一荻经常礼拜的凯歌堂，巧妙地将夹在《圣经》里的信件送至张学良手中。

1985年初，朱湄筠80大寿，朱家后裔亲属从世界各地赶到香港庆贺，曾经的"北洋名媛"早已随着时光的流逝淡出了公众的视野，而今，人们只能从老照片中一睹她昔日的风华了。

朱湄筠女士辗转传送信件可谓功不可没。晚年的朱湄筠随子女移居加拿大，张学良1991年飞往美国夏威夷定居以后，她才得以与张学良及夫人赵一荻见面。60年后，三人在异国他乡见面，无不白发苍然，回首往事，禁不住潸然泪下。

陈诚迎娶『主席千金』

谭　祥

谭祥的父亲是曾任国民政府主席的谭延闿

　　谭祥是国民政府主席谭延闿的三女儿，1906年农历正月初七，生于长沙，品貌端庄，聪慧出众。因为其父谭延闿曾认宋美龄做过"干妹妹"，谭祥在辈分上就成了宋的"干女儿"。谭延闿在政治上有"文甘草"之称，八面玲珑，临死还特将谭祥的婚姻大事拜托给蒋氏夫妇。谭延闿曾极力撮合蒋、宋联姻，宋美龄因此责无旁贷地要为谭祥选个"佳婿"。

　　宋美龄与蒋介石商议，年轻将领中，数陈诚与胡宗南最为优秀，两人相比，又数陈诚更为合适。陈诚生于1898年，30岁时就出任二十一师师长，33岁出任第十八军军长，深得蒋介石器重和赏识。但

倾
城

年轻时的陈诚

是，陈诚早在十多年前，由父母做主已经结婚，原配夫人吴舜莲为旧式的裹足家庭妇女，陈诚对其毫无感情，在外求学、从军多年，即使回家也是独居一室，拒绝与夫人同室共寝。吴舜莲曾因不堪冷落而用剪刀自杀，幸亏被及时发现而捡了一条命。蒋氏夫妇促成陈、谭姻缘，也可使陈诚脱离名存实亡婚姻的苦海。

　　陈诚在蒋氏夫妇安排下，见过谭祥后，不仅为谭小姐落落大方的仪态和知书达理的高雅气质所折服，而且更为蒋介石、宋美龄亲自出马充当介绍人而受宠若惊。他毫不犹豫地接受了蒋、宋的美意。

陈诚和谭祥的结婚照

婚后的谭祥安心相夫教子，堪称
贤内助

谭祥对陈诚的翩翩风度和军阶战功也很是仰慕，双方可谓一见钟情。

陈诚知道谭祥是主席千金、名门闺秀，必须明媒正娶，不能让谭受任何委屈。陈诚便托了同乡前辈、吴家祖上的亲族杜志远先生和吴舜莲的哥哥、自己的同学兼下属吴子漪，出面进行劝导，要原配夫人同意办理离婚手续。淳朴、老实的吴舜莲，在各方劝说下，只好同意离婚，并决心终身不再婚嫁。当时她只提出了一个可怜的条件："生不能同衾，死后必须同穴。"陈诚当即同意。由吴子漪代写了一张离婚协议书，并注明：因舜莲不识字，故由子漪代为签名盖章。吴氏被离异后，仍住在陈家，以陈家媳妇身份侍奉婆婆，

倾
城

数年后搬离。

陈诚与谭祥，原本要在1931年10月10日结婚，后由于日军入侵东北，于是延期次年初正式结婚。次年元旦，陈诚身穿戎装，与手捧玫瑰花束的谭祥，在南京"励志社"举行婚礼。蒋氏夫妇亲临祝贺，婚礼隆重而简朴。随后，蒋介石特给假期，新婚夫妻双双到杭州西子湖畔度了蜜月。

陈诚既是浙江人，又属黄埔系，原本就符合老蒋的"用人标准"。陈、谭婚配后，陈诚又成了蒋介石"女婿"，更加被蒋视为心腹，多次被破格提拔。陈诚感激蒋的知遇之恩，对蒋忠心耿耿。

婚后的谭祥堪称贤内助，持家有方，每当陈诚在人事关系上遇到麻烦时，也亲自出面到干妈宋美龄面前说情表白，使之化险为夷。谭祥是家里的贤妻良母，她并不过问丈夫的公务，但也有一次例外。抗战期间，陈诚在恩施担任湖北省政府主席时，下过一道命令：全省文武僚属，一律不准坐轿子。命令公布后，一位厅长患痔疮，又有脚气病，无法走路上班，但又不敢违抗命令，只好痛苦地坚持步行。几天后，厅长的太太不忍心，求见了陈夫人，请求陈诚能准许她的丈夫坐一段时间轿子。谭祥被说动了，她难得地为这位厅长说了情。谭祥随陈诚度过了"剿共"、抗日和内战的长年战争岁月，谭祥性格温存，落落大方，夫妻感情弥笃。

蒋介石面对大陆的内战败局，对陈诚说："我让你管了几年军事，结果一大半江山被你管没，再管下去，就要弄光了，我不能不亲自来管了。"陈诚被蒋派到台湾准备后路去了。1948年秋陈诚抵台后，在宦海生涯中节节高升，谭祥伴随着夫君，度过了一段较为安定和舒适

陈诚、谭祥与儿女们的全家福

晚年的陈诚与谭祥

倾
城

的日子。1950年3月，蒋介石自行复职"总统"后，陈诚出任"行政院长"，后任"副总统"兼任"行政院长"。谭祥就成了"副总统"夫人。但是，一个阴影却逐渐笼罩在他们这个美满幸福的家庭上：陈诚的身体江河日下，日益衰弱。

陈诚因为得到夫人谭祥的精心护理，精神上又享受到与亲人团聚的安慰和满足，病情一度趋于稳定。有时，他能在花园中散步，逗弄依偎膝下的孙子、外孙。但是，1965年以后，陈诚的健康状况急转直下。3月5日，陈诚去世。蒋介石手书挽匾"党国精华"，挽联："光复志节已至最后奋斗关头，那堪吊此国殇，果有数耶！革命事业尚在共同完成阶段，竟忍夺我元辅，岂无天乎？"公祭之日，蒋介石亲率文武官员致祭，备极哀荣。陈诚去世后，国民党"副总裁"一职从此取消。

陈诚生前曾向蒋介石进言：对中共不能反潮流；不能为外国动用台湾的兵力；不能信任美国；不能受日本愚弄等。临终留有三条遗言：希望同志们一心一德，在总裁领导下，完成国民革命大业；不要消极，地不分东西南北，人不分男女老幼，"全国"军民，共此患难；党存俱存，务求内部团结，前途大有可为。其中竟未出现"反共"和"反攻"一类的词句，只强调一点：精诚团结在蒋总裁的领导之下。有人想要在陈诚的遗言中加上"反共、反攻"一类的内容，谭祥不同意，找到蒋介石。蒋介石同意不修改。

谭祥与陈诚共生有二女四子，分别是：长女幸，次女平，长子履安，次子履庆，三子履碚，四子履洁。长子陈履安后来也当过台湾"行政院长"。

李秀文

与叶挺生死相依

李秀文，1907 年出生在广东省东莞长安镇乌沙村的一个富裕家庭。她就读的省立执信女子中学，是当时国内的 37 所重点中学之一，是孙中山先生于 1921 年为纪念近代民主革命家朱执信先生而亲手创办的纪念性、示范性学校。李秀文天生就是一个美人胚子，乌亮的秀发配着白净的俊秀脸盘，俏丽恬静的眼睛妩媚动人，眉宇间蕴含着一脉令人见之忘俗的水秀，身段匀称，出挑得周全，有执信女中"校花"之美誉。

　　李秀文的父亲李少村和时任孙中山大元帅府宪兵部队司令的李章达是东莞同乡同族的好友，过往甚密。而李章达又与时任宪兵部队参谋长的叶挺，相熟更深，是战友加兄弟的知己。常来李章达家"饮茶谈政"的叶挺，多次和李秀文不期而遇，但凡一遇，两人便会不由自主地要向对方投去一瞥。李章达看出了两人的心境，便主动当起"媒婆"。

　　李秀文自幼享受着舒适的生活，并得到很好的文化教育。文化的汁液更将她浇灌得不但外美如花，而且内秀如竹。她头一次与叶挺约会时，就胸有成竹地问："你们什么时候铲除那三种尘土？"

　　"什么尘土？"叶挺有些惊讶。

　　"就是军阀、官僚和政客啊！中山先生讲的呀！"李秀文美丽的眼睛看着叶挺。就这么一问，两颗心找到了相投的事业结合点，彼此都强烈地感到对方就是自己的知音！

　　李秀文的父亲早就看中了叶挺，希望婚姻能成为鼓舞双方前进的力量。两个年轻人立下誓言，互勉互励。1925 年，叶挺回国后，被任命为国民革命军独立团团长。不久，19 岁的李秀文与大她 11 岁的叶挺在肇庆阅江楼举行了婚礼。

　　李秀文的父亲是富甲一方的绅士，李秀文出嫁时，父亲不但给了

倾
城

新四军军长叶挺

一大笔陪嫁钱财，而且最终连自己养老的钱也捐给了女婿的事业。

叶挺领导广州起义失败后，流亡日本。李秀文从港澳报刊上获知叶挺身份已暴露，急中生智，以一句"祖父病重宜速去"的暗语，用电报拍给叶挺，使叶挺及时离开日本，脱离了险境。叶挺受到瞿秋白主持的中央的指责，叶挺不服，为自己申辩，结果受到更严厉的处分，愤激之下，出走国外。在流亡国外及澳门的整整10年的岁月里，全家的生活几乎全部由岳父家负担。

在叶挺初任新四军军长之际，李秀文将父母的养老金及四处筹集到的钱，倾囊献出，从广东、香港一带买了3600支手枪，并亲自将这批货物运往皖南，供给新四军抗日。在皖南的三年抗日斗争中，李秀

叶挺、李秀文夫妇和子女的合影

文在军中度过了充满艰险、动荡的生活。

李秀文与叶挺一起走过了"皖南事变"的腥风血雨。其后，叶挺身陷囹圄四年，妻子李秀文身怀六甲，毅然申请到监狱与丈夫相搀相伴，和叶挺共渡危难，还冒着生命危险，将叶挺那首传之四海的著名革命诗抄"为人进出的门紧锁着，为狗爬出的洞敞开着……"从监狱偷偷带出，传之后世。

叶挺被蒋介石囚禁四年多后终被释放。国民党当局派专人到牢房给他送来一套呢制将军服，要他换下那身破烂不堪的灰布军装。叶挺鄙夷地说："我不换！我要穿着新四军发给我的军衣回去。"四年的囚禁生活，让叶挺反思了自己一路走过的历程，孰是孰非，泾渭分明。

1946年4月8日，叶挺偕同妻子李秀文、女儿叶扬眉、小儿子阿九等人，乘坐美军专机起程到延安参加全军整军会议。早上，飞机从重庆起飞时，叶挺与夫人李秀文、女儿、小儿子及保姆等，兴冲冲地坐在一起。本来，周恩来劝他多休息几天，另乘飞机走，但他去延安的心情迫切，坚持搭乘这趟飞机。同机的还有王若飞、秦邦宪、邓发等参加国共谈判和政协会议后返回延安的中共代表。

飞机起飞后，一切都很正常。此时，延安方面已组织了盛大的欢迎场面，毛泽东、朱德、任弼时等中共中央领导人及机关、部队、群众团体的代表们，早已等候在延安机场。叶挺在延安读书的两个儿子叶正明、叶华明，到了机场迎候父母的到来。

中午时分，天空飘起毛毛雨，飞机已到延安上空，听到飞机的声音由远而近，整个机场上的人都翘首张望。但很快，飞机的声音又慢慢消失了。两天之后，噩耗才得到证实，飞机在山西省兴县东南80里处撞上海拔2000多米的黑茶山，顿时爆炸起火，坠毁山崖。机上我方13人和美方4名机组人员全部蒙难。

李秀文骤然离去时，只有39岁，已是9个孩子的妈妈。她活着的时候，被光芒四射的丈夫罩得严严的，异常低调。

1946年4月15日，延安各界2000余人，参加中共中央为坠机而牺牲的叶挺等烈士举行的追悼大会。追悼会由陕甘宁边区政府主席林伯渠主持，朱德致悼词，刘少奇也讲了话。叶正明在《给死了的父亲母亲》的悼念文章中，有一段专门给妈妈的话："母亲，你和父亲结

1946 年，叶挺与李秀文及子女一家四口在梅花树下拍下
最后一张合家照

婚以来，从来就很少好好过过。刚结婚，父亲因为参加几次的革命战争，就很少和你在一起……在结婚的二十多年当中，你不辞劳苦地抚养了九个孩子，第三个幼年时病死了，第五个和第九个与父母一同蒙难，你从没发过怨言，没有说过一句丧气的话。母亲啊，你养育着我们，教育着我们，使我们能够很快地成长起来。母亲，你放心吧，你的儿子们会好好地遵照你的教导走向光明道路的。"

与丈夫同日而亡的李秀文以平民之身，思公卿之责，念国家大事，她的志向与功绩绝不应被后人遗忘。

倾
城

孟小冬

从此梅郎是路人

孟小冬出生在上海，本名令晖，原籍北京宛平，因生于 1907 年腊月冬日，故名"小冬"。祖父孟七和父亲、伯、叔均为京剧演员，她 5 岁学艺，7 岁登台，先后向姑父仇月祥和谭鑫培的琴师孙佐臣学习须生，12 岁在无锡正式挂牌公演，14 岁在上海、浙江、济南、汉口、福建以及菲律宾等地与粉菊花、露兰春、姚玉兰等同台演出。后经名家建议，孟小冬于 1924 年北上投师，先至天津，投奔新天津报社刘髯公处。复经刘介绍向天津名票王君直、王庚生、韩慎先、李采繁等学习，潜心研究谭派演唱艺术。3 年间，客居新天津报社，苦练基本功。从靠把戏到衰派戏，一字一腔，一板一眼，丝毫不苟。同时并向窦砚峰、李采繁等研习京剧字韵。孟小冬后又进京先后拜陈秀华、余叔岩为师，艺业大进，终成一代名伶。

　　孟小冬自小生得聪慧秀丽，初闯京城时，正值 18 岁青春妙龄。她举止优雅，气质高贵，楚楚动人。当时北平的许多人都以她为心目中的偶像，暗恋于她。与孟小冬最为相配的当属梅兰芳。那时，最红的旦角是有"伶王"之称的梅兰芳，以男性扮女人；最红的生角是孟小冬，以女性扮男人，有"冬皇"之誉。乾旦坤生，颠倒阴阳。

　　1926 年，时任财政部长的北平政要王克敏庆生辰办堂会，梅兰芳与孟小冬同在被邀请之列。在这次堂会上，不知是谁提议让梅兰芳与孟小冬同台表演一出《游龙戏凤》。梅兰芳饰演妖媚轻盈、情窦初开的酒家少女李凤姐；孟小冬饰演正德皇帝，她的扮相长眉入鬓，气宇轩昂，座中人无不为之赞叹。男女角色相互反串，演来精彩而又富于罗曼蒂克。谁也不曾想，这次逢场作戏竟变成了"真情出演"。二人本是梨园同行，相互钦羡，惺惺相惜；不断的合作又使二人加深了了解，互生爱慕之情。

　　享誉京坛的孟小冬有点迟疑，梅兰芳已有两房妻子，自己是不甘

倾
城

梅兰芳与孟小冬，一个是旦角之王，一个
是须生之皇，两人当年合演《游龙戏凤》，
王皇同场，珠联璧合

心做小妾的。做媒者早期有准备，说梅兰芳早已过继给伯父家，作为
两房的继承人，是可以为两房各娶一位妻子的，以便传宗接代，这叫
"双祧"。孟小冬仰慕梅兰芳才华，听说不做小妾，就没计较两人 14
岁的年龄差异，答应结为秦晋之好。

几经酝酿，梅兰芳和孟小冬将良辰吉日定在 1927 年农历正月
二十四，证婚人是银行家冯耿光，洞房就设在东城东四牌楼九条 35 号
冯公馆内。在男人多妻的当时，梅兰芳此时已有三位夫人：王明华、

福芝芳、孟小冬。孟、梅两人均是有着新潮观念之人，头脑里没有封建意识，诸如生辰八字等等，一切全免。也许，正是这一开始的简单草率，注定了这段姻缘最终走向崩溃。多年后，孟小冬曾经回忆道，当初的兴之所至，只是一种不太成熟的思想冲动而已。

20岁的京城官宦子弟王惟琛对孟小冬心仪已久，得知孟小冬嫁给梅兰芳后，痛苦不堪，终有一日失去理智，携枪闯入冯公馆，吵叫着要找梅兰芳讲理。恰逢梅兰芳与朋友聚会，《大陆晚报》经理张汉举自告奋勇地出去与王惟琛交涉。但刚一见面，他即被王惟琛用枪抵住扣作了人质。王惟琛先要梅兰芳出来论理，后又要梅兰芳拿出10万元赔偿他失去孟小冬的精神损失。其时，梅家一面筹钱，一面报警。待梅家将钱筹齐时，军警已将宅子团团围住。用人将钱扔给王惟琛，后者在拿到钱后发现被军警包围，情急中向张汉举开了枪。军警见状，举枪齐射。王惟琛饮弹倒地，旋即殒命。

血案之后，社会舆论大加炒作，一时沸沸扬扬，种种绯闻，扑面而来。梅、孟不得不告仳离。《档案春秋》记载：事情闹得满城风雨，福芝芳终于有了理由："大爷（梅兰芳）的命要紧。"很快，人们站到了她这一边。梅兰芳深受惊吓，一度避居上海，他与孟小冬的关系由此转淡。据说，孟小冬在一气之下与雪艳琴搭班去天津唱戏。

1930年，梅兰芳有意带孟小冬同行赴美演出，但为平息家庭风波，碍于福芝芳堕胎相胁，后决定只身赴美。孟小冬有所失望。访美回国后，梅兰芳伯母去世，孟小冬奔丧来到梅宅，却被下人拒之门外，理由是梅夫人福芝芳不承认她有戴孝的资格。而怀有身孕的福芝芳则扬言，若是孟小冬进门戴孝，她就连带腹内胎儿一同自尽。梅兰芳再三

梅兰芳与第一任夫人王明华　　　　　梅兰芳与第二任妻子福芝芳

央求并请来了孟小冬的舅父，众人劝走小冬，才勉强平息了这场风波。此事让孟小冬认清了自己难有正妻的身份。其实对于孟小冬，名分是正是偏并不是最重要的，重要的是自己爱着的那个男人的态度，他是真诚和勇敢地承认，还是含糊其辞地躲闪。然而，梅兰芳在孟小冬和福芝芳之间始终不能作出取舍。

　　王明华去世后，为梅兰芳生有 7 个孩子的福芝芳占了上风，孟小冬不甘继续做妾，遂决定离婚出走。1931 年，孟小冬向梅兰芳提出离婚请求。从此，她再未与梅兰芳讲过一句话，当真是"从此梅郎是路人"。

二人解除婚姻关系后，孟小冬一度消沉，住在天津塘沽闭门谢客，还曾经绝食，甚至传说一度欲皈依佛门。杜家祠堂落成堂会中，南北名伶汇聚一堂，她却因梅在场，避而不出。二人最终连合作的机会都没有了。

孟小冬19岁嫁给梅兰芳，离开舞台4年，早已断了生活来源。为离婚一事，她向梅兰芳索要补偿金，但这让因访美亏空了一大笔钱的梅兰芳颇为为难。在杜月笙的出面调停下，双方最终达成协议，由梅兰芳一次性付给孟小冬4万块钱，从此二人再无瓜葛。

杜月笙对孟小冬的情分早在1925年就开始了。1929年他虽然娶了名须生姚玉兰，但对孟小冬仍有拥怀纳抱之意，念念不忘，希图找机会接近她。1936年孟小冬应杜月笙的邀请为黄金大戏院揭幕剪彩，其后在此演出20余日。因为孟小冬是杜之四夫人姚玉兰腻友，演出期间住在姚玉兰处，孟、杜的接触因此频繁。

抗日战争中，杜月笙移居香港，对孟小冬分外留心。在日寇铁蹄蹂躏下的北平，孟小冬凭着坚韧的意志、非凡的才气和对艺术执着的追求，终于执余派之牛耳。杜月笙对其钦佩爱慕之余，尤怜惜其个中的甘苦。因而1946年，已返回沪上的杜月笙，又让总账房黄国栋写信给孟，催其南下。孟小冬由于想念腻友，也就不再推托。姚玉兰的嘘寒问暖，杜月笙不露声色的敬重体恤，使她感到数年来未曾有的温暖，她那孤苦无依的心灵又找到了依托。孟小冬感于杜月笙数年来"情深义重"地悉心照顾，加上姚玉兰的一再撮合，此次赴沪不久，终于以身相许，1949年，上海解放前夕，孟小冬随杜一家迁居香港。

此时的杜月笙已非盛年，而是年逾花甲一病翁，孟自入杜门后，就自然地挑起了侍奉杜月笙的担子。而侍疾也似乎成了她不可卸掉的

倾
城

抗战胜利后，孟小冬与章士钊太太　　孟小冬与杜月笙的结婚照
尹德贞在上海姚玉兰住处合影

责任，因为她的相伴已经成了病入膏肓的杜月笙不可缺少的安慰。自
入杜公馆以来，孟小冬一直沉默寡言，对一切看不惯、听不得、受不
了的事情都漠然置之。但1950年的某一天，傲岸的她却迫不得已，淡
淡地说了句至关重要的话。那天，杜月笙当着家人的面，掐指计算迁
法需要多少张护照。当他算好了需要27张时，孟小冬淡然的声音突然
飘了过来："我跟着去，算丫头呢还是算女朋友呀？"一语道破实情。
杜月笙一愣，当即宣布尽快与孟小冬成婚。那一晚，杜月笙下了他那

杜月笙与姚玉兰、孟小冬及儿女们合影

几乎离不开的病榻，由人搀扶着，充当新郎；孟小冬的脸上也现出了笑容。毕竟他们有了女儿杜美娟，杜月笙有责任承担起孟小冬的义务，给她一个名分。一生傲岸的孟小冬，最终也只能屈从于命运的摆布了。

　　43岁的孟小冬嫁给62岁的杜月笙做第五房夫人。第二年，杜月笙撒手人寰。杜月笙病逝后，孟小冬独居香港，1967年移居台北，1977年5月去世。

倾城

才子佳人的恋爱传奇

王映霞

郁达夫

    素有"杭州第一美人"之称的王映霞，生于1908年，是当地闻达人士王二南先生的外孙女。她一生中的两次婚姻都轰动一时。王映霞晚年回忆说："如果没有前一个他（郁达夫），也许没有人知道我的名字，没有人会对我的生活感兴趣；如果没有后一个他（钟贤道），我的后半生也许仍漂泊不定。历史长河的流逝，淌平了我心头的爱和恨，留下的只是深深的怀念。"

    郁达夫是我国现代文坛的大家，创造社的主要发起人之一。和许多文人一样，郁达夫是个"情种"，"开窍"较早，13岁就与"赵家少女"有过一段"水样的春愁"的初恋之情，同一时期，他还与倩儿等两位姑娘有过类似的恋情。后来在日本留学期间，又与藤隆子、田梅野、玉儿等人产生过恋情。1917年回国后，郁达夫奉母命与同乡女子孙荃订婚，并于1920年正式结婚。虽然郁达夫有些依恋这位"裙布衣钗、貌颇不扬，然吐属风流、亦有可取处"的"家花"，但外面的"艳遇"依旧。1921年，风流偶傥、浪漫多情的郁达夫在安徽结识了一位妓女海棠姑娘，交往甚密。由此创作了小说《茫茫夜》，记录下这一段感情生活。

学生时代的王映霞爱好文学，对文坛的风云人物很关注。王映霞始知鲁迅、郭沫若，后来知道小说《沉沦》作者郁达夫，并对郁达夫的文才十分仰慕。1927年1月14日，郁达夫在友人家邂逅了王映霞，一瞥惊为天人，仿佛在沙漠里看见了绿洲，郁达夫遂展开了强烈、真挚而又执着的攻势。王映霞亭亭玉立，肌肤白皙，从小就有"荸荠白"的雅号，在杭州女中和浙江省立杭州女子师范读书时，就是众人瞩目的"校花"，后更被誉为杭州四大美人之首。当时曾流传一句话："天下女子数苏杭，苏杭女子数映霞。"一个是多情才子，一个是窈窕佳人，两人相见，一见钟情也属正常。现代文坛一段轰轰烈烈的恋爱传奇开始上演。

为赢得王映霞的欢心，郁达夫写了无数的情书和情诗，其中一首诗被时人传诵一时："朝来风色暗高楼，借隐名山誓白头，好事只愁天妒我，为君先买五湖舟。"郁、王热恋时，孙荃正在北平呻吟于产褥之上。1927年6月5日，郁达夫和王映霞在杭州聚丰园餐厅正式宴客订婚。孙荃遂告与郁达夫分居。此后，孙荃携子女回富阳郁家与郁母同居，与儿女们相依为命，守斋吃素，诵佛念经，终

王映霞与郁达夫的合影

老一生。

　　为了尽快与王映霞结婚，郁达夫将两人交往日记以《日记九种》公开出版，弄得王映霞很是尴尬。1928年2月，20岁的王映霞与32岁的郁达夫在杭州结婚。当时柳亚子赠诗郁达夫，其中"富春江上神仙侣"一句传诵一时。

　　郁达夫并未给王映霞隆重的婚礼。如一切纯情少女一样，王映霞沉醉在爱情的甜蜜中，顾不上计较。婚后，郁达夫和王映霞过着虽然清贫但却平静充实的生活，育有三个儿子。郁达夫与王映霞保持了相

"杭州第一美女"王映霞

当长时间浓烈的"初恋感觉"，这令郁达夫自己都感到奇怪。但十多年后，因为战乱两人分居，郁达夫到福建任职，怀疑偕三子及母亲辗转富阳、丽水、汉口避难的王映霞有外遇，两人感情产生危机。据说，郁达夫发现了浙江省教育厅厅长许绍康写给王映霞的情书，还发现戴笠与王映霞有染。

其间几经波折，加上报纸推波助澜，两人感情的裂痕愈来愈深，终致最后在南洋恶脸相向，以"协议离婚"分道扬镳。王映霞孤身回国，郁达夫则携带儿子郁飞继续在南洋漂泊，又经历了几段恋情。1945年，

钟贤道与王映霞在一起

郁达夫被日本宪兵秘密杀害，尸骨无存，死因至今依然是个谜。郁达夫的恋爱经历如同他不朽的文学名篇一样，焕发着迷人的光彩，郁、王之恋则是其中最为炫目的一章。

王映霞到重庆后，先后当过妇女指导委员会保育院保育员、军事委员会特检处秘书、外交部文书科科员，生活工作还算顺利，这主要是得益于戴笠的帮助。鼎鼎大名的戴笠有两大"出名"，一是特工，一是好色。与郁达夫不是一路人的戴笠，在1936年曾借着同学兼浙江同乡之名与郁达夫结交，是醉翁之意不在酒，其真正目的是借机接近

倾城

王映霞。据说，1938 年间，王映霞曾为"杀人魔王"戴笠打过胎，这可能也是戴笠对抵渝后的王映霞照顾有加的原因。

1942 年 4 月，王映霞由国民政府外交元老王正廷做媒，在重庆再披嫁衣。新郎钟贤道是王正廷的得意门生，拥有不错的地位与权力。王映霞与钟贤道的婚礼冠盖云集，震动了整个山城。著名作家施蛰存还专门为王映霞赋诗一首："朱唇憔悴玉容曜，说到平生泪迹濡。早岁延明真快婿，于今方朔是狂夫。谤书欲玷荆和璧，归妹难为和浦珠。蹀蹀御沟歌决绝，山中无意采蘼芜。"

戴笠因飞机失事死后，王映霞顿失凭依，辞去外交部的文书工作，急流勇退，过着朴实无华的主妇生活。她随丈夫到了芜湖，生了一子一女。钟贤道对王映霞非常体贴，婚后他让王映霞辞去工作专事家政。芜湖解放前夕，当时的达官显贵纷纷逃往台湾，钟贤道却退了预订的机票，留在了大陆。经历了感情波折的王映霞对婚姻、感情的认识也有了极大的转变。中华人民共和国成立后，经历了"三反""文革"的磨难，王映霞与钟贤道两人相互照顾，恩爱有加。1980 年，钟贤道病逝，享年 72 岁。

王映霞多次感叹钟是个好丈夫，晚年曾写过一篇《郁达夫与我的婚变经过》的文章，文中说："我想要的是一个安安定定的家，而郁达夫是只能跟他做朋友不能做夫妻。所以同郁达夫最大的分别就是我同他性格不同……对于婚姻，对于女子的嫁人，那中间的辛酸，我尝够了，我看得比大炮炮弹还来得害怕。我可以用全生命全人格来担保，我的一生，是决不发生那第二次痛苦了。"所以她后来再婚，"既不要名士，又不要达官，只希望一个老老实实，没有家室，身体健康，能以正式原配夫人之礼待她的男子"。郁达夫在不少诗作中，都拿王映霞比作苏东坡的侍妾朝云，而苏从来没和原配夫人离婚。介意名分的王映霞因此有些不满。

1990年，82岁的王映霞应邀访问了台湾，在台前后逗留了3个月，期间会见了多位亲朋故旧，并专门拜访了20世纪30年代的旧交——陈立夫先生。2000年2月，王映霞在西子湖畔乘鹤归去，终年92岁。

女人漂亮没有错，但漂亮女人往往会错在因为漂亮而忽略婚姻的本质，贪欲最易毁掉幸福，脚踏实地过平常生活也能收获满满的幸福。

倾城

胡蝶

枷锁下的顽强深情

胡蝶原名胡宝娟，1908年出生在上海，祖籍广东鹤山。她幼时便随任京奉铁路总稽查的父亲胡少贡奔波在铁路线上，对天津、北京及东北各地的风土人情有所了解，生活虽不稳定，但充满着乐趣。后来进入天津一所天主教会举办的小学读书，改学名胡瑞华。9岁时，父亲辞职，全家人返回广东。

1924年初，16岁的胡瑞华随全家又迁回上海。同年，她看到报纸上洪深等人主持的中华电影学校有招考消息，梦想成为影视演员的她预备报名，又担心父母知道后阻止，便决定用一个化名。最早想用"胡琴"，转念一想，胡琴整天被人拉来拉去，她可不愿意，之后又考虑了好几个名字，终归不满意。后来她突然灵感一闪，为自己取名"胡蝶"，胡与"蝴"同音，这个名字好听好记又充满灵气。当时，有两千余人报名考试，最后一百多人中选，其中就有胡蝶。当收到学校寄来的上课通知后，胡蝶知道无法再向父母隐瞒，便和盘托出，原本以为多少会遇到些父母的阻挠，谁知开明的父亲听完女儿的理想后竟表示赞同。此后，胡蝶就如同自由飞翔的蝴蝶，飞入了中国影视界。从1925年首次登上银幕在《战功》中饰演配角开始，一直到1966年的41年间，胡蝶饰演过姨娘、慈母、女教师、女演员、娼妓、舞女、富家小姐、劳动妇女、工厂女工等多种角色，她气质富丽华贵、雅致脱俗，表演上温良敦厚、娇美风雅，其演艺生涯几乎贯穿整个近现代中国电影史，从默片到有声片，从国语片到粤语片，前后拍摄的影片将近百部，成为中国电影史上具有里程碑意义的影视明星，也是中国电影史上唯一一位三次当选"电影皇后"的电影明星。在1934年的十大影星选举中，胡蝶当选为最美丽的女明星，成为众多报刊杂志关注的热门人物，

倾
城

胡蝶的生活照　　　　　　　　　　　胡蝶的酒窝迷倒过许多人

其面带笑容时露出深深的酒窝，更是成为美丽的标志，迷倒了无数观众。

　　胡蝶的演艺道路一帆风顺，情感历程却历经坎坷。初入影坛时，胡蝶曾与影星林雪怀相爱，一度订婚。随着胡蝶成为家喻户晓的明星，而林雪怀在弃影从商后却诸事不顺，林雪怀经营的一家点心店濒临倒闭，经济上困顿不堪，需要依靠胡蝶接济，加之一干专登花边新闻的小报隔三差五无端生事，已经心生自卑的林雪怀愈加变得疑神疑鬼，终致放纵堕落、肆意挥霍。胡蝶收入虽丰，却素来生活节俭，且一家老小十余人需要她供养，对于林雪怀的物质需求，胡蝶能满足就尽量满足。但是，经济上的支持，不但弥合不了两人之间的裂痕，反而越发凸显出彼此的差距，林雪怀的暴戾乖张也变本加厉。1930 年底，林雪怀委托律师给胡蝶转去断绝书，在信中引用小报报道胡蝶的"风流韵事"，斥责其行为不检，申明要解除婚约。感情受挫的胡蝶最终看清现实，当机立断，聘请了上海著名的律师詹纪凤为她办理解约事宜，并在律师的建议下向上海第一法院控告林雪怀无故解除婚约，同时索讨林的借款。

从 1931 年 2 月 28 日第一次庭审到同年 12 月 2 日下午宣判，前后持续了一年的"雪蝶解约案"闹得满城风雨，胡蝶在此期间多次出庭，台前风光的电影明星不得不在众目睽睽之下接受询问，有时甚至还要回答一些非常私人的问题。也是在这段时间，胡蝶随剧组赴北平拍摄《自由之花》《落霞孤鹜》《啼笑因缘》三片的外景，全队人马尚在途中，日军就在东北制造了"九一八"事变，胡蝶很快被媒体中伤，责难其在事变当夜与风流少帅张学良在舞厅跳舞，一时间"红颜祸水"的流言四起。究其流言源头，可能还是出自广西大学校长马君武作的两首打油诗中其一："赵四风流朱五狂，翩翩蝴蝶最当行，温柔乡是英雄冢，哪管东师入沈阳。"面对这些恶意的中伤，胡蝶一开始也只是采取忍耐与不予理睬的态度，后来事情却越发严重，她只得在 11 月 22 日的《申报》上发表了义正辞严的《胡蝶辟谣》，同时公司方面也组织和胡蝶同赴北平的外景队员集体署名发表《明星影片公司张石川等启事》。但是，流言终究还是不能完全平息，好在胡蝶坚持了下来，其解除婚约的诉讼最终也赢得胜利。

和现在一样，漂亮女演员不但容易有绯闻，也容易在拍摄过程中

倾城

胡蝶与潘有声的结婚照

与导演产生情愫。解除婚约后的胡蝶，对给予过自己很大帮助的编导郑正秋有过好感，但是郑正秋只把胡蝶当作一个小女孩、好演员加以呵护，将这段感情终止在萌芽状态。后来，踏实敦厚温和的洋行职员潘有声，逐渐进入胡蝶的生活，赢得了胡蝶的青睐。

1935 年 11 月 3 日，潘有声与胡蝶在上海九江路圣三一教堂举行了一场轰动全国的婚礼。这一年胡蝶 27 岁，因父亲身患重病，将不久于人世，热切希望看到女儿能够早日寻得温暖的归宿。事实上，其貌不扬的潘有声也确实尽其所能地给予了胡蝶家庭的温暖。

胡蝶

1937年，日军发动了全面侵华战争，上海沦陷，胡蝶随赴港发展事业的潘有声在香港定居。1939年，胡蝶生下一女胡友松，胡友松生父是不是潘有声，至今仍是个谜。胡友松后来成为李宗仁最后一任夫人。

1941年12月，日军占领香港后，开始别有用心地对一些文化名人进行拉拢，胡蝶接到去日本访问并拍摄《胡蝶游东京》的邀请，但她以有孕在身果断拒绝。为了以防万一，1942年，胡蝶与丈夫在当地游击队的帮助下逃离香港，后辗转到了重庆。胡蝶将珠宝积蓄打成两包，与其他物品共30箱，请国际难民救济总署的杨惠敏转运，但货物

倾
城

生于 1939 年的胡蝶女儿胡友松

到桂林后竟全部被劫。面对如此巨大的变故，胡蝶大病一场。丈夫软语劝慰，说没关系，他会想办法养好这个家，还描述了自己的生意规划给予胡蝶信心。最新有种说法，潘有声、胡蝶夫妇在香港期间已与军统合作，从事抢购药品、纱布等抗战亟需物资方面的工作。

　　为了寻回失物，胡蝶又托了几个朋友，其中一位便趁机将胡蝶介绍给了戴笠，他在家中设宴，以欢迎胡蝶夫妇为名，特地把戴笠也请来。其实，从胡蝶演《火烧红莲寺》开始，戴笠就迷上了片中胡蝶扮演的侠女红姑，得此机缘相见，自是非常高兴。当得知胡蝶的难处后，戴笠特意命人追查此事，甚至不惜自掏腰包，买回一些相同的珠宝给胡蝶交差。

据沈醉回忆"戴笠对胡蝶可说是一见倾心，格外欢喜。他自有了胡蝶以后，对于玩弄其他女性的兴趣也减少了一些"。戴笠在重庆神仙洞修建了一所华丽的公馆，准备"金屋藏娇"。后来潘有声去云南做生意，戴笠终于有了更好的机会。据说，戴笠对胡蝶动了真情，逼迫潘有声与胡蝶离婚，准备要与胡蝶结婚。

1946年3月17日，戴笠飞机失事而亡，有人认为他是迫不及待要去上海见胡蝶一面，因天气恶劣机场无法降落，遂想改降南京，但是南京同样大雨滂沱，最后导致机毁人亡。

抗战胜利后，胡蝶举家迁回上海，后再前往香港，潘有声和胡蝶的夫妻关系也得以延续。潘有声重新创业，办起"兴华"商贸洋行，胡蝶做形象代言人，经营"蝴蝶"牌热水瓶，生活过得有声有色。胡蝶曾深情回忆说："自战后重返香港，有那么五六年光景，我和有声虽然辛苦，但也享着夫唱妇随、同甘共苦、怡然自得的日子。"只是好景不长，1952年潘有声因肝癌过世，胡蝶肝肠寸断。后来，她不得不将已经出现经营问题的洋行转让，重回影坛，独自承担起供养家庭的重任。

1966年，胡蝶在台湾拍完《明月几时圆》《塔里的女人》两部影片后正式息影。同年，她与因《明月几时圆》一片而结缘的台湾地产商宋坤芳结婚，这位中年男人当年也是胡蝶的忠实影迷。1975年，宋坤芳病逝，胡蝶从台湾移居加拿大温哥华。后来，胡蝶在社区英语学习班里结识了代课老师刘慧琴，两人相谈甚欢，成为忘年之交。1986年底，由胡蝶口述、刘慧琴整理的《胡蝶回忆录》出版。刘慧琴在书中这样写道："她常说，'退出电影的舞台，但未退出生活，在人生的舞台上，我也得要演好我的角色。'她将'人生如戏，戏如人生'两者融合在一起，她实在是个天生的演员。"这样的评价，对胡蝶来

倾
城

说确实恰当。1989 年 4 月 23 日，胡蝶在温哥华安然离世，留在世间的最后一句话，也是一句唯美的台词："胡蝶要飞走了。"

在婚姻问题上，胡蝶头脑清醒，处理果断。在演艺圈中，胡蝶的人缘也较好，这也是胡蝶与阮玲玉角逐"选美"时获胜的一个原因。但因为缺乏深刻的生活体验，在艺术魅力上要比阮玲玉稍逊一筹。阮玲玉在对待爱情上，也比胡蝶要刚烈一些。

阮玲玉

人言可畏，香消玉殒

阮玲玉原名阮凤根，学名阮玉英，1910 年 4 月 26 日出生于上海，因为父亲早逝，孩童时代就随母在一个张姓大户人家帮佣。母亲节衣缩食，让她上学读书，就读于上海崇德女子中学。阮玲玉"秀丽颖慧，幽娴静默，自幼不喜与邻儿作浮跳之嬉，居恒静坐，或助母井臼，有洁癖，雅好修饰，一衣一屦，必整洁称体。虽偶有补褛，而不能损其美好也"。

聪明美丽、正直善良的阮玲玉不仅在张家后院里度过了孤独的童年，也在此认识了生命中的第一个男人——张达民。张达民是张家四少爷，比阮玲玉大三岁，长得白白净净，因为接受五四新思潮，所以对保姆的女儿并没有歧视，这令自卑的阮玲玉大为感动。

1925 年初，阮玲玉的母亲被怀疑偷了东西，流落街头，是张达民向他们伸出了援助之手。此时，15 岁的阮玲玉已出落得楚楚动人，也许出于寄人篱下知恩图报的善良，她与少爷张达民相爱也成了那个时代司空见惯的故事。张达民的母亲很快就知道了儿子对阮玲玉的痴情，得知儿子想娶阮玲玉为妻。张母认为门不当户不对，劝他们断绝来往。张达民为爱离家出走。1926 年 1 月，阮玲玉从崇德女校退学，在一所民宅里，在张达民的苦苦追求之下，开始了与他的同居生活。

阮玲玉渐渐地发现这个张家四少爷游手好闲，坐吃山空，嗜赌成癖，她无法忍受这种恶习，便时常吵架。后来张达民得到其父的一份遗产，但很快挥霍于赌场，再也拿不出一分钱供养阮玲玉母女。

1926 年，为自立谋生，阮玲玉凭借天赋和努力，进入电影界，主演《挂名夫妻》，不久成为当红明星。接着，阮玲玉又拍摄了《血泪碑》《杨小真》等影片，名气越来越大。国外的一些评论家称誉她为"中

倾城

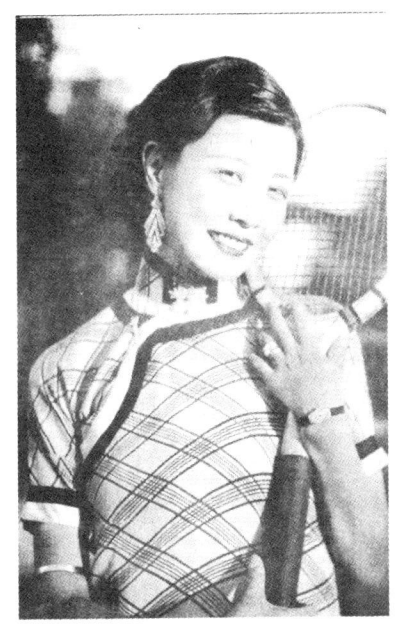

善良柔弱的阮玲玉　　　　　　　　阮玲玉的笑容极富感染力

国的英丽特·褒曼"。1930年5月,《影戏杂志》举办"电影明星选举",阮玲玉高票当选第一名,在1934年的十大影星选举中,阮玲玉被选为演技最佳的女明星。事业蒸蒸日上的阮玲玉,感情却历经坎坷。

　　张达民开始把阮玲玉当作摇钱树,吃起了软饭,而且胃口越来越大,开始一次次向阮玲玉伸手要钱,用于赌博、嫖娼,不给就跑到摄影棚去闹。阮玲玉觉得是张当初收留了她们母女,况且张也曾给予自己甜蜜的爱情,就苦口婆心地劝说和感化张,希望张能像《故都春梦》里的男主角那样浪子回头,并表示会与张结婚。但张达民毫不留情地

中国第一代"影后"张织云

掐断了她的希望，说只是看中了阮玲玉漂亮的脸蛋，仅仅想把她当姨
太太使唤，根本没打算结婚。这使阮玲玉陷入了绝望的境地。张达民
后来到香港工作，因贪污公款被公司开除，阮玲玉还托人在福建福清
县找到一个税务所长的空缺，张便去了福建。阮玲玉试图摆脱张达民，
曾服安眠药自尽未遂。

　　正当阮玲玉为情所困，渴望得到一份真挚情感和一个稳定家庭
的时候，在杭州拍摄《城市之夜》外景时，遇到了"茶叶大王"唐
季珊。唐季珊对阮大献殷勤，并许下美好诺言。阮玲玉知道唐季珊

倾
城

1933 年，阮玲玉（左一）在《城市之夜》中的剧照

是自己所在联华影业公司的大股东，曾金屋藏娇号称中国第一"影后"的张织云，在广东老家还有一个老婆，但还是经不住唐的花言巧语，再次受到蒙骗。

张织云现身说法地提醒阮玲玉，说唐不是一个好男人。但阮玲玉没有听进去，1933 年 3 月，带着母亲何阿英和养女小玉，住进了唐季珊在新闸路买的一栋三层小洋楼，开始了与唐的同居生活。这段时间里，唐确实对阮玲玉及家人都不错。唐已有妻室，但阮玲玉却不计较，她对一位好友说："我太软弱了，我这个人经不起别人对我好。要是有人对我好，我也真会像疯了似的爱他！"田汉听说后很感诧异，不理解阮玲玉"为何嫁给这种西门庆似的人物"。

不久，张达民从福建到南京出差经过上海，回到家里发现人去楼空，一打听才知道了"妻子"竟然和唐季珊搞到了一起。张达民将阮玲玉和唐季珊告上法庭，阮玲玉通过律师协议解除了与张达民的同居关系，经过讨价还价，答应张提出的"每月津贴一百元，贴足两年"的无理要求。小报记者对阮玲玉冷嘲热讽，造谣生事。唐季珊在阮玲玉最需要关爱的时候，原形毕露，并开始寻找下一个"猎物"。阮玲玉意识到自己又上当了，茫茫人海，竟找不到一个可以托付终身的人。

阮玲玉将精神寄托于神佛，多次利用拍摄外景机会，到普陀山和苏州西园罗汉堂进香。1934年，阮玲玉主演《新女性》，与进步导演蔡楚生心灵相通，相见恨晚。但是，"这两位彼此倾心相许的艺术家，各自痛苦地扼杀了燃烧的热情"。阮玲玉试图改变命运的努力落了空，回到了难堪接踵而至的现实之中。

1934年12月27日，唐季珊收到张达民委托律师写来的信，声称阮玲玉"窃取财物，侵占衣饰，共值三千余元，并私刻张氏之图章"。阮玲玉不想把事情闹大，但唐季珊非要请律师控告张"虚构事实，妨害名誉"不可。1935年1月10日，上海第一特区地方法院受理此案并开庭审理。在这之前，报界已将此事炒得沸沸扬扬，阮玲玉更是成为被渲染的对象，人们都巴望着开庭时看到一出"好戏"。阮玲玉没有勇气面对这样尴尬的局面，所以称病没有出庭。

在法庭上，张达民说阮玲玉是自己的"妻子"，而将唐季珊诉其"虚构事实，妨害名誉"一笔带过，唐准备不足，没有进行有力的辩驳。

倾城

阮玲玉服毒自杀的报道　　　　　　　留在世人心中的阮玲玉

于是唐败诉。2月27日，阮玲玉接到上海第二特区地方法院发来的传票，张达民在刑事初级厅起诉她侵占和伪造文书罪，在刑事地方厅起诉她和唐季珊妨害家庭和通奸罪。而且刑事诉讼中规定被告必须到庭，还要被告站进审判台右角一个高及胸口的方形木桶内，并要"庭谕交保"，即被告必须找一个店铺担保下次传讯准时到案。这天，还没到开庭时间，法院门前就人山人海，挤满了前来看热闹的人。阮玲玉就是这样站在一个大木桶里被围观着、议论着，她简直无地自容了。

封建恶势力大做文章，造谣中伤，累牍地报道阮玲玉和两个男人的"风流"故事，什么《张达民将控阮玲玉通奸》《阮玲玉通奸案发》《背张嫁唐都是为了财产》《三角恋爱纠纷未了，继以通奸罪起诉》等等，真假掺杂，绘声绘色，诬蔑、攻击、谩骂……一盆盆脏水泼向阮玲玉。形成"一犬吠影，百犬吠声"之势。对阮玲玉来说，生命的意义首先是名誉、事业和爱情。对爱情不再有幻想、不再有奢求的阮玲玉，面临的是名誉扫地，事业毁灭。阮玲玉绝望了，在巨大的痛苦之中无比煎熬。

1935 年 3 月 8 日，年仅 25 岁的阮玲玉在与唐季珊同居的小洋楼里服毒自尽。唐季珊发现阮玲玉服毒后，为了自己的名声，舍近求远送医院，耽误了有效抢救时机。风华正茂的影星香消玉殒一时间成为人们热议的话题。两个男人深深地伤害了阮玲玉，感情生活的失败，无疑是她自杀的重要原因。阮玲玉的两封遗书，也能表明张、唐两人对阮的自杀有着不可推卸的责任。

影星外在的风光，掩饰不了内心的失落。阮玲玉在情感最为脆弱的时候，不但缺乏朋友的关爱，还要提防娱乐圈的明刀暗箭。黎民伟在阮玲玉的悼词中沉痛指出："人言可畏，人言可畏！"

媒体偏好演艺界的娱乐新闻由来已久！艺人承受的压力之大是常人难以想象的。自杀之前，阮玲玉正在参加电影《新女性》的拍摄，她扮演的主角是一位受过高等教育的新女性，追求婚姻自由，却被爱人遗弃，为了救女儿，出卖了一次肉体，最后不堪小报记者的大肆造谣污蔑，自杀身亡。有人因此推测，多次扮演悲剧人物的阮玲玉可能将自己的痛苦与剧中人物联系在一起，入戏太深，在自己感情迷茫的时候，才作出了极端选择。

倾城

徐来

与夫共演的『潜伏大戏』

徐来1909年出生在上海，原名小妹，又名"洁凤"，祖籍浙江绍兴。徐来父亲经营一家专门卖秤的店铺，店小利薄。由于家贫，徐来13岁去蛋厂做工补贴家用。后来家境转好，她才能入学读书。1927年徐来考入黎锦晖主持的中华歌舞专修学校，取"清风徐来"之意起艺名为"徐来"，后加入明月歌舞团，并成为首屈一指的知名演员。

当时，在上海的湖南老乡常到"湖南会馆"聚会，基本上都认识。黎锦晖是湖南人，大家听说他手下有很多年轻美女，所以一到招生、演出时，总有一帮老乡来捧场，顺便来泡妞。这中间有一阔少打扮的年轻人，经常出入，他就是曾入黄埔军校第四期学习、当时任国民革命军第四集团军警卫二团团长的唐生明，与其兄唐生智都是湘籍风云人物。唐生明相貌英俊、善于交际、人脉广、有胆识、有谋略，常在军务之余来上海这个花花世界消遣。一天，徐来和黎明晖（黎锦晖的大女儿）正忙着帮黎锦晖接待新生，看见唐生明进来和黎锦晖打招呼，黎锦晖老不高兴地答应了几句，徐来好奇地看着这两个湖南人，一个老夫子书生气十足，一个青年才俊、风流倜傥、春光灿烂，她怎么也料想不到，眼前这一大一小的两个男人，都先后成了她的丈夫，将本来平凡的她书写得那么精彩。

徐来毕业后加入中华歌舞团，1929年底，与黎锦晖结婚，并生有一女，但不幸夭折。徐来去了南洋后，已任第四集团军第八军副军长的唐生明，发现自己非常想念徐来，当他知道徐来已经嫁给黎锦晖，非常痛苦，他辞了军职，花天酒地地打发时光。

黎锦晖是中国流行音乐的奠基人，《摇到外婆桥》《毛毛雨》《妹

倾城

秀美可爱的徐来天生具有明星气质　　　　黎锦晖是中国流行音乐的奠基人

妹我爱你》《桃花江》就出自他的手笔，是他发现并成就了徐来。徐来颇有公关特长，善于交际应酬，帮助黎锦晖处理繁杂的歌舞团事务。巡演中她张罗全团几十号人的衣食住行，将各种问题处理得井井有条。黎锦晖作为歌舞团团长，在娱乐界有声望、有影响，徐来帮忙料理团中事务，在交际场所渐渐为人所识。黎锦晖的歌舞团中曾走出一批明星，生得端庄标致且开朗大方的徐来，电影公司自然更不能放过她，要把她力捧为红遍大上海的明星。

　　徐来长得很标致，有"东方标准美人"的称号。明星影片公司负

这是 20 世纪 30 年代徐来的处女作《残春》的剧照，因有裸露出浴镜头，让她一炮而红

责人之一周剑云看中了她，1933 年聘请她加入"明星"。1933 年，她主演了无声片《残春》，因此片一举成名。此后，她主演了《泰山鸿毛》《华山艳史》《到西北去》《路柳墙花》等进步影片，这几部影片都很卖座。徐来为人随和，不摆架子，影迷们更觉得她平易亲近。

阮玲玉的自杀对徐来震动很大，在主演《船家女》后，她决定息影。徐来所拍摄的影片并不多，从影时间也只有三年，但是美貌让她在电影圈和社交界大出风头，走到哪里都是人们目光所聚、议论所集的大明星。这"标准美人"的光环，不仅为她赢得了"美名"，同时也为

"柔而媚娇而美"的女星徐来为空花夏鞋做的广告风靡一时

她的生活带来了名声之累。

徐来喜欢跳舞，喜欢热闹，喜欢成为人群中的焦点，她时常出入舞场等交际场所，与多位国民党高官来往密切，很多人倾慕其风采，拜倒在她的石榴裙下。大明星的一举一动本来就容易招惹是非，何况是已嫁为人妇的徐来，流言蜚语渐渐聚拢包围了她。丈夫黎锦晖比徐来大 18 岁，年龄差距所形成的隔阂或多或少一直存在；加之非议困扰，两人的夫妻情缘渐渐走到尽头。

1935 年，离异后的徐来在杜月笙的大力"撮合"下，正式与已是国民政府军事委员会中将参谋的唐生明结婚，从此开始了另外一种新生活。29 岁的唐生明终于得到他追求已久的新娘。此时的唐生明在国

徐来的第二任丈夫唐生明

民党官场很吃得开，和军统局长戴笠称兄道弟。不久，唐生明受命潜入汪伪政府。

　　抗战时期，唐生明作为国民党高官，携妻徐来至上海投靠汪伪，与日本人颇多合作。为了假戏真做，迷惑敌人，其兄唐生智将军还公开在报上发表声明与他脱离关系。唐父是大地主，湖南东安有名的"唐半城"，唐生明一贯生活讲究，出手阔绰，为获取日本人信任，他在南京、上海结交亲日权贵，更是挥金如土，行事招摇，爱国人士见之尤为愤恨。徐来很快与汪精卫老婆陈璧君、陈公博情妇莫国康、

徐来与女儿合影

周佛海老婆杨淑慧等混熟了。通过牌局、饭局，徐来搞到汪伪核心层不少重要情报报告给丈夫，她搞到的情报比她老公还要多。

　　唐、徐夫妇的举动隐蔽得很好，被许多人认为是大汉奸，为人诟病，直到最近还有人撰文指责唐生明在这一时期的"不齿"之举。徐来作为唐生明的妻子，一直陪伴左右，和唐生明一样，背负着骂名，又丝毫不能泄漏绝密重要的任务，夫妻俩受了诸多委屈。以前曾是众人仰慕的大明星，这时为了民族大义身陷敌巢，敢于舍身掩护唐生明，徐来之所为是十分让人钦佩的。

"潜伏"生涯惊心动魄。唐生明身份暴露后，作为日本与蒋方"桥梁"，继续周旋在蒋、日、汪之间，甚至与中共也颇有默契。唐生明策反了陈公博、周佛海等众多汉奸；还借刀杀人，利用矛盾，借日本宪兵之手毒死李士群；得到日本准备重演袭击珍珠港的军事情报，及时送出，得到美国方面的致谢。

抗战胜利后，唐生明战时身份才被披露出来，他其实是重庆方面派到上海的卧底，秘密打入汪伪政府从事地下情报工作。蒋介石以国民政府主席名义发表了取消对唐生明的"通缉令"，发给唐生明200万元奖金。

1948年，蒋介石"击败"居正当选总统。有人以两位总统候选人名出上联"蒋中正居正"，意为蒋介石当选总统，位居正中。不久就有一下联对出"周恩来徐来"，暗指共产党部队就要打过来。周恩来与徐来，没有什么关系，并列起来是有点牵强，但与上联对仗工整。徐来和丈夫唐生明于40年代末迁居香港。

唐生明少时在湖南第一师范附小读书时，曾做过毛泽东的学生。后入黄埔四期学习，又成为蒋介石的学生。如此先后师承毛、蒋二公。蒋介石发动"四一二"政变后，唐生明曾与陈赓等黄埔学生"讨蒋"，并给当时正在井冈山闹革命的毛泽东送过武器。1949年，唐生明又积极参与湖南解放的全过程。1956年底，唐生明、徐来夫妇携同子女到北京定居。"文化大革命"爆发，她和丈夫唐生明一同被捕，并因当年调查蓝苹一事而受江青迫害。

1973年4月，徐来不幸在狱中去世，终年64岁。唐生明则顽强地活到了"文革"结束后的第12个年头。

倾
城

张兆和

马拉松式的情书告白

1910 年出生的张兆和是家中的三小姐，其曾祖父张树声，历任两广总督和代理直隶总督，是摧毁太平天国的淮军重要人物。其父张武龄虽是大户子弟，却无纨绔之习，不抽鸦片、不赌博、不娶姨太太，是个标准的三好男人。张武龄从小嗜书如命，怕子女久居合肥会沾染陈旧恶习，就举家迁往上海，后又至苏州，并很快成为苏州城里的名门。张武龄受祖父办洋务的思想影响，但同时又为前辈受命于朝廷镇压过起义军而心有不安，发誓不做官，倾其家产致力于办教育以强国。有人称他为忏悔型的贵族。

　　张兆和母亲 21 岁嫁到张家，36 岁就去世了。16 年怀了 14 胎，留下了张家四姊妹五兄弟共 9 个孩子，后来继母韦氏又生一子，正好凑成整数，并称张家十姊弟。和字辈 10 个姊弟中女孩子名顺序为：元和、允和、兆和、充和，6 个兄弟分别名为：宗和、寅和、定和、宇和、寰和、宁和。从名字中就可以看出父亲对女孩子的钟爱和期望，不但不沾俗艳的花草气，而且名和字中都有一股男子的豪爽气。后来有人说，张家的男孩名字都有宝盖头，女孩的名字都有两条腿，暗寓长大以后都要离开家。张父是希望女儿们能迈开健康有力的双腿，走向社会。张家的孩子无论男女都可以自由自在地发展自己的爱好，但同时又家教谨严。

　　大姐张元和 30 岁嫁给了一位昆曲名角顾传玠，闺秀才女下嫁的新闻一时引起轰动。二姐张允和喜好诗词，嫁给了著名的语言文字学家周有光。因为四妹张充和从小过继给二祖母当孙女，三妹张兆和成了家中姐妹的"老巴子"，受到的管教最严，平常忠厚、怕羞，可淘气起来像男孩子。

倾
城

沈从文与张兆和

　　张兆和与二姐一起考上了上海的中国公学。当时大学收女生是新鲜事，男生对女生既爱护又促狭，根据特点，挨个儿都起了绰号。张家四姊妹同父同母，却生得奇怪，两黑两白，大姐二姐白，三妹四妹黑。

　　张兆和人长得黑，样子也憨憨的，没有一点闺秀气，还偏偏喜欢男装。那时女人的旗袍下摆是窄的，兆和从来都穿阴丹士林色的大摆袍子。男生就给她起了个"黑牡丹"的绰号。张兆和觉得有"脂粉味"，不喜欢。有个叫沈从文的老师干脆给兆和改绰号为"黑凤"。

　　张兆和健美聪明，追求的人有不少，其中不乏优秀知名人士。张兆和顽皮地将追求者编为青蛙一号、青蛙二号、青蛙三号……二姐看后取笑沈从文大概只能排到"癞蛤蟆13号"。生长在湘西的沈从文，自称为"乡下人"，初恋受挫后，追求丁玲失败，受到情场打击。

1929年，沈从文被胡适先生聘请到上海公学当了老师。第一节课，因为紧张，原先准备一小时的课程内容，十多分钟就消耗光了，在讲台上讲不出话，只好在黑板上写道："我第一次讲课，见你们人多，怕了。"学生们瞠目结舌。张兆和就是台下众多学生之一，久闻沈从文在文坛崭露头角的大名，但这样的初见，不免让人有点失望。

沈从文在讲课水平提高的同时，也注意到这位秀丽沉静的学生——张兆和。面对自己的"心动女生"，沈从文自卑木讷，不敢当面表白。或许是感情压抑太久，沈从文的"单相思"来得迅速而猛烈。从12月开始，短短的半年时间内，他给张兆和写了几百封情书。面对咄咄逼人的爱情攻势，张兆和既没欣然接受，也没断然拒绝，反而有点惊慌不安。

有一天，张兆和收到一封薄薄的信，第一句话是"不知道为什么我忽然爱上了你"，是老师沈从文写的。接着收到了第二封、第三封……信写得太长、太多，兆和认为老师不应该写这样失礼、发疯的信，于是告到胡适校长那里。没想到胡适先生笑笑说："有什么不好？我和你爸爸是安徽老乡，是不是让我跟你爸爸谈谈你们的事？我知道沈从文顽固地爱你！"看来，沈从文早已做好校长的工作。

沈从文知道追求张兆和的人很多，他知道自己只是来自湖南湘西的只读过小学的穷文人，没有多少优势，求爱过程充分发挥了"湘西土匪式"死缠软磨、穷追烂打的精神，疯狂地写起了情书，并以死相胁。终于用感情文字的狂轰滥炸赢得了美人心。两人慢慢谈起了恋爱。

倾城

三姐妹与三连襟：元和、顾传玠（前排左起）；允和、周有光、沈从文、兆和（后排左起）

1932 年夏天，张兆和大学毕业回到了苏州的老家。沈从文带着巴金建议他买的礼物——一大包西方文学名著敲响了张家的大门，二姐允和出来招呼了这位不速之客。沈从文写信给二姐允和，婉转地请求代他向张兆和的父母提亲。沈从文在信中说如果张家父母亲同意，就请三妹早日打电报通知他，好让他这个乡下人喝杯甜酒吧。

张武龄本来就主张儿女婚事自理，表示同意。二姐允和是个急性子，自己先打了电报给沈从文，电文只一个字"允"，既表示了父母允婚，也算署了名字。这个只有一个字的电报，只有张允和这样好管闲事的快

1935 年，沈从文、张兆和与长子沈龙朱，旁边为沈从文的九妹岳萌

嘴才女才能想得出、发得出来。心细胆小的张兆和不放心，生怕沈从文
看不懂，随后又羞答答悄悄来到电报局，递上了她的电报稿"乡下人喝
杯甜酒吧，兆"。报务员觉得奇怪，怎么今天的两封电报都像间谍暗号，
尤其眼前这封，还要带个"吧"字。报务员要求照规矩改文言，但经不
住兆和的恳求，电报才得以发出。这两封"密码"电报不久都被传为
美谈。

　　1933 年 9 月 9 日，31 岁的沈从文与 23 岁的张兆和在北平中央公
园举行了简单的婚礼。沈从文说自己的媒人就是二姐张允和。后来，

倾
城

允和还自作主张地做媒，将四妹充和嫁给了曾在北大教授拉丁文、德文和西洋文学的美籍德人傅汉思。

中华人民共和国成立后，张兆和先在师大附中教书，后在《人民文学》杂志任编辑，她功底深、文笔好，又勤恳敬业，是公认的好编辑。她与沈从文几十年同甘共苦，经历了重压与磨难，她的性格为此有了许多变化，沉静、寡言，很少有人会相信她原来是那样地顽皮活跃。

1988年，沈从文病逝，把无限的眷恋留给了白发苍苍的妻子。2003年，张兆和去世，享年93岁。

唐瑛

最后的贵族

唐瑛生于 1910 年，其父唐乃安曾留学德国，是上海名医，专给当时的名门望族看病，因此唐家家境富足。唐瑛多才多艺，嗓音甜美，身材苗条，与她自小严格的家教分不开，她学习过舞蹈、英文、戏曲，穿衣考究而前卫。唐瑛吃的东西非常讲究，每一顿都会按照合理的营养要求进行搭配，甚至会精细到几点吃早餐，何时用下午茶，晚饭几点开始。选用 CHANNEL NO 5 香水、CHANNEL 香水袋、FERRAGAMO 皮鞋、CD 口红、CELINE 衣服和 LV 手袋，是个不折不扣的"名牌控"。

　　唐瑛的父亲深受西方文明影响，加之唐家又是基督教家庭，所以有些"重女轻男"，女孩子地位很高，不必等到婚后才可以出去参加社交活动。唐瑛正式进入交际圈是在 16 岁，完全符合西方社会的社交规矩。唐瑛是与陆小曼齐名的交际花，并称"南唐北陆"。民国时期能在上流社会成为如鱼得水的交际花，绝不是一般的烟花女子，她们首先是家里相当有背景的名媛，然后受过很好的教育，集美貌与智慧于一身，这样的先天优势，才有资格与达官贵人交往。当时的女性杂志《玲珑》，就鼓励新女性们向唐瑛看齐，把她作为榜样，要交际，会打扮。英国王室来访问中国，唐瑛过去表演钢琴和昆曲，很是耀眼。当时的各大报纸上刊登了她的大幅玉照，也是她交际生涯最显赫的时期。

　　唐瑛毕业于上海教会贵族学校——中西女塾，也就是张爱玲就读过的圣玛利亚女校前身。唐瑛英文讲得很流利，人长得也漂亮。1927年，在中央大戏院举行的上海妇女界慰劳剧艺大会上，唐瑛与陆小曼联袂登台演出昆剧《拾画》《叫画》，年仅 17 岁的唐瑛丝毫不怯场，

倾
城

唐瑛

后来报纸上大幅刊登出两人的戏照，照片中陆小曼轻摇折扇，唐瑛走台步，两人相得益彰。

宋子文与唐瑛的哥哥唐腴胪交情很深，他们曾在美国一起留学，唐腴胪还做了宋子文的秘书，所以宋是唐家的常客。宋子文在与盛爱颐分手后，追求过唐瑛。当时的宋子文事业已经开始有起色，虽比唐瑛大 16 岁，但风度翩翩，集学识、权力、金钱于一身，对女孩子具有强大的"杀伤力"。而年轻又聪慧过人、活泼烂漫的唐瑛，也有足够的磁场牢牢吸引住宋子文的心。那时候宋子文猛追唐瑛，一封封炽热

唐瑛 最后的贵族

唐瑛与陆小曼对戏

的情书被呈递到唐瑛的梳妆台上。但是他们俩的交往，却遭到唐瑛的父亲唐乃安的反对，儿子与宋子文越走越近甚至从了政，唐乃安已经非常不悦。唐乃安看中的是宁波"小港李家"、沪上豪商李云书的公子李祖法。唐父一直认为，和政界的人少挂钩为妙，否则迟早会惹来麻烦，谁也没想到，与宋子文的干系后来果然给唐家带来了灾祸。

1931年的某一天早晨，唐腴胪陪宋子文到上海火车站乘火车，两人朝车厢走去的时候，突然有人放烟幕弹，随即一片烟雾升腾，让人

倾
城

唐瑛与李祖法新婚照

看不见几米之内的事物。就在大家惊慌失措的时候，烟幕中传来一阵
枪响，唐腴胪应声倒地。这是一起政治刺杀案件，刺客原本的目标是
宋子文，但是在烟雾中误将唐腴胪杀死。这件意外使得唐家悲痛万分，
更不愿意和宋家再有来往。

　　拜倒在唐瑛石榴裙下的身份显赫的男人不计其数，其中包括孙中
山的秘书杨杏佛。杨杏佛与徐志摩、陆小曼是好友，而徐、陆两人又
是唐家的常客，因此杨杏佛顺理成章地结识了唐瑛。在还未与王赓离

唐瑛与儿子

婚的陆小曼和徐志摩传出恋情的同时，杨杏佛又苦恋上美丽的唐瑛。
而正值少女花季的唐瑛已经有个家里许配好的未婚夫李祖法，李是宁
波豪商的儿子，从耶鲁留学归来，与杨杏佛是极要好的朋友，因此杨
进退两难，为爱消得人憔悴。于是，唐瑛、杨杏佛、李祖法与陆小曼、
徐志摩、王赓，一时间成为上海滩著名的两对"三角恋"。最后，陆
小曼在画家刘海粟的帮助下，与丈夫离婚，与徐志摩得以成双，而唐
瑛则将单相思的杨杏佛拒绝了。

　　唐瑛遵从父母之命嫁给了李祖法，很快生下了两人的孩子李名

倾
城

觉。但是，婚后的唐瑛才发现，夫妻二人共同的话题实在太少，性格也迥然相异。与唐瑛"过于热闹"的生活方式相反，她的丈夫李祖法却是一个喜欢安静的人，他不喜欢交际，自然也不喜欢自己的妻子总是过着"花蝴蝶"般的交际花生活。这一切，与视交际如生命的唐瑛自然是格格不入。1937年，唐瑛与李祖法终因性格不合而离异。离异后的唐瑛，并没有因此黯然，她反而在社交场上更加如鱼得水。

后来，唐瑛在社交场所结识了美国美亚保险公司在中国的总代理容显麟，两人兴趣相投，相见恨晚。容显麟祖籍广东，其家族在香港发展，世袭渣打银行买办。他的祖父容良是渣打银行首位买办，他的父亲容翼庭（又名容宪邦）后来也继任为渣打银行买办，容翼庭的长子容子明（又名容显中）也是渣打银行买办。容显麟家中兄弟姐妹众多，人称"老七"，后来坊间传闻他是中国留学生之父容闳的侄子，可能是因为哥哥容显勋的未亡人改嫁容闳长子之故。容显麟是个文艺爱好者，喜欢骑马跳舞等，性格也较活泼，此时已是4个孩子的父亲，而唐瑛与前夫也育有一子。共同的语言很快让他们坠入爱河，并携手走进了婚姻的殿堂。可能是找到了毕生的挚爱，婚后的唐瑛安心在家相夫教子，逐渐远离了繁华的社交圈。1948年以后，唐瑛和丈夫、孩子一起移民美国。1952年容显麟病逝后，唐瑛便随长子李名觉一家生活，就住在隔壁的一个单元。

20世纪70年代，唐瑛回上海探亲，一袭绿旗袍的她让人恍以为仍是葱茏少女。实则，她已是六旬老妇，美人迟暮的哀愁似乎总是与她无缘。

继唐瑛之后，旧上海又涌现出几个有名的交际花。如周叔苹、陈皓明等。但她们与唐瑛相比似乎总少了点什么，套用一句现在的话来说，大概就是："比我漂亮的人，没有我聪明；比我聪明的人，又没有我漂亮。"这是唐瑛的得意之处，也是这位旧上海交际女王让人难以忘怀的根本所在。

倾
城

郭秀仪

英雄与美人

民国时期，有一段英雄与美人的恋情从上海黄浦江边开始，经过三年多的爱情漫跑，至德国柏林易北河畔结婚。这个故事的男女主角分别是"民国四大美男子"之一的黄琪翔和上海名媛郭秀仪。

1898 年，黄琪翔生于广东梅县的一个贫苦农民家庭，16 岁到保定陆军军官学校第六期炮兵科学习，毕业后，曾任该校分队长。1922 年，到广东跟随孙中山投身革命，在东征、南征诸役中，屡建功勋，在北伐中与独立团团长叶挺并肩战斗，直捣武昌，战功显赫。1927 年 4 月，29 岁的黄琪翔已任第四军军长。

1931 年秋，黄琪翔在朋友曹鋈的上海聚会上认识了年方二十的郭秀仪。郭秀仪祖籍广东香山，生于上海一个封建大家庭，系出名门，祖母是中国最早、最大的买办，上海招商局第一任督办，有"近代中国茶王"之称的徐润的胞妹。

郭秀仪的父亲郭侣庭在徐润的关照下做起了茶叶生意，虽然规模不大，但家境还算富裕。郭母生育了三男五女共 8 个子女，不幸三男二女先后夭折，郭秀仪排行第七，看着整天以泪洗面的母亲，发誓说："您不要过于悲伤，哥哥弟弟去世了，您就当我是男孩子吧，我会孝敬您的。"从此她就要求自己要像男孩子一样独立自强。

郭秀仪 15 岁就读上海文艺女校期间，女扮男装出演话剧《少奶奶的扇子》的男主角，引起社会反响，上海流行刊物《妇女生活》《图画时报》《中国摄影学会画报》等均刊登过她的玉照。郭秀仪聪明伶俐、成绩优秀，是学校的高材生。《图画时报》1929 年 12 月 22 日头版刊登了 8 位上海淑女，郭秀仪身穿男式西装，独自伫立在草坪上，格外显眼。郭秀仪是上海公认的美女，融传统与时尚于一体，响当当的《良

倾城

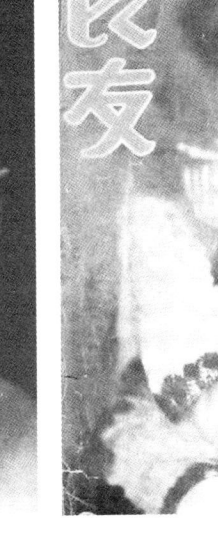

英姿飒爽的黄琪翔将军　　　　　　《良友》杂志上的郭秀仪

友》画报封面也用了郭秀仪照片。

时任上海苏浙皖区统税局、江苏省烟酒分局局长的曹鎏先生，与郭家为世交，认郭秀仪为干女儿，并推荐她进入统税局工作。这在当时是个很令人羡慕的好工作，接触的人非富即贵，天生丽质的郭秀仪身边的追求者很多。郭秀仪没有沉醉在小资情调中，而是主动担当社会和国家责任，从发表《从健美到俭美》中，可以窥见她忧国忧民的思想。

郭秀仪对黄琪翔的初次印象还算不错，觉得这位年轻的中将军长，气宇轩昂，并非凶神恶煞般的武夫形象。"民国四大美男子"有多个版本，其中有一个说法就是汪精卫、顾维钧、梅兰芳、黄琪翔。黄琪翔表面冷静，和郭秀仪并没有太多交流，但几天后就向曹鎏表白自己对郭秀仪已是一见钟情，并且在得到电话和地址后，就以军人的果敢，向郭秀仪发起了"猛攻"。这的确让情窦初开的郭秀仪始料未及，又措手不及。

郭秀仪最初未敢轻言答应黄琪翔的追求，先是说"我是终身不嫁，以陪伴母亲的"，后又同意了交往。郭秀仪在与黄琪翔交往时，总是拉着自己最亲近的小姐妹作伴，不给黄琪翔与自己独处的机会。虽然多个"电灯泡"，但黄琪翔还是不放过每一次约会的机会。

郭秀仪感到黄琪翔为人光明磊落、风度翩翩，渐渐坠入爱河，但仍心存顾虑。一是自己曾立誓不嫁，孝敬母亲。二是黄琪翔在老家有个童养媳，还在上海曾与一女子同居，并分别育有一子。三是黄琪翔是"反蒋派"，可能会连累全家。但爱情终究无可阻挡，郭秀仪最终还是冲破了这些障碍，不畏艰险，与黄琪翔悄悄谈起恋爱。这让许多亲友都感到惊羡。

1932年"一·二八"事变后，中国军队抗击日军进犯上海。上海人民义愤填膺，掀起了抗日热潮。郭秀仪积极参加捐款活动，她的母亲也在这乱世之中溘然离世。1933年11月，黄琪翔与李济深等人发动并领导了"福建事变"，主张反蒋、联共、抗日，因而被国民政府通缉，辗转流亡德国，黄琪翔从柏林给郭秀仪发来求婚信。

此时，母亲过世已有段时间，郭秀仪的思亲之痛逐渐平静。父亲及家人对此婚事已不再反对。郭秀仪同意了求婚，于1934年7月，登上"康德罗素"邮轮前往德国。"康德罗素"邮轮非常有名，是当时世界上最先进的轮船之一。在这十多天的航程中，有丰富多彩的娱乐活动。

倾
城

沉浸在幸福之中的恋人

郭秀仪光彩照人，在邮轮举办的选美活动中被评选为"康德罗素小姐"。

黄琪翔专程从柏林赶到意大利威尼斯港等候。相别半年后相见，两人格外开心。郭秀仪开心得就像只飞出了樊笼的快乐小鸟，坐在小船上，依偎在心上人的怀里，听着意大利人唱情歌。两人在威尼斯住了大约一周的时间。黄琪翔对郭秀仪说："我的爱情和事业都寄托在你身上了。"

黄琪翔与郭秀仪在柏林举行了简单而隆重的婚礼。"简单"是因为黄琪翔租赁的阁楼地方不大，设施简单，条件有限；"隆重"是因为前来贺喜的人很多，有因"福建事变"流亡国外的"临委会"连瑞琦、

一同出席活动的黄琪翔与郭秀仪

谢树英等人，还有很多中国留学生，特别是留学生领袖、共产党人朱江户、许德瑗。朱、许等人是"留德学生抗日联合会"的领导人。

黄、郭两人共结连理的喜讯，轰动了国内政军界，一时成为美谈，世人誉之为"英雄美女"的天作之合。从此，郭秀仪不仅成为黄琪翔的贤内助，更是与他并肩而战的亲密战友。郭秀仪不但学会了德语，还学会了开车、射击。

有次，黄琪翔正在主持召开"中国留德学生抗日联合会"，被突然到来的纳粹警察逮捕。郭秀仪得知后，立即联同留德学生和进步人

倾
城

士一起赶到中国驻德大使馆，提出强烈抗议，最终迫使大使馆通知警方释放黄琪翔等人。

黄琪翔与德国留学生们的关系密切，也便于为今后的中国革命输送骨干力量，黄琪翔没有放弃反蒋活动，他在邓演达被害后成为"中华民族解放行动委员会"（前身"临委会"，简称"解委会"）的第二任领导人，但这并没有影响他与蒋介石亲信陈诚的联系。

黄琪翔在德国的开销不小，生活已是到了拮据的地步，可是他还是从自己的生活经费中挤出 3 千元，让郭秀仪汇给香港的同事，以表达对同志们的关心、信任和支持。

1936 年 10 月，陈诚受命于蒋介石，言辞切切、态度诚恳地邀请黄琪翔回国参加抗日。黄、郭夫妇二人回国后投身抗日。黄琪翔参与指挥上海"八一三"抗战，率部与日寇浴血奋战。郭秀仪一直作为丈夫的亲密战友，转战于抗日前线。

黄琪翔并非蒋介石的嫡系，他主张和平、民主、团结，多次公开表示反对内战，受到当局者的排挤，后来终于脱离了国民党的掌控，在香港宣布起义，并应邀出席中国人民政治协商会议第一届全体会议，参加了中华人民共和国开国大典。

中华人民共和国成立后，黄琪翔历任中南军政委员会委员兼司法部长、法案委员会委员、国家体委副主任、国防委员会委员、全国政协常务委员，及中国农工民主党中央委员会副主席和秘书长等职，并当选为第一届全国人民代表大会代表。郭秀仪则安心在家相夫教子，后来拜齐白石为师，成为齐白石的关门弟子。

"文革"期间，黄琪翔曾被错划成"右派"，在身心上遭到迫害，郭秀仪则鼓励他坚强地活下去，夫妻二人患难与共、不离不弃。1970年12月，黄琪翔病逝于北京。"文革"结束后，郭秀仪致信邓小平，要求推翻"反右""文革"期间强加给黄琪翔的各种不实之词，为黄琪翔彻底平反。不久之后，中央有关部门恢复了黄琪翔在"反右"前的待遇，农工党中央发文为黄琪翔彻底平反。郭秀仪继续着丈夫未竟的事业，重登政治舞台，历任全国政协常委、中国农工民主党名誉副主席、中国和平统一促进会常务理事等职，为祖国的和平统一大业奋斗不息。2006年11月，95岁的郭秀仪因病于北京逝世。

倾
城

蓝妮

孙科落选的导火索

蓝妮祖上是云南建水一个富有的苗族人家，她于1912年7月2日出生在澳门。祖父蓝和光在清末考中举人后，曾任职广东番山知县。北洋军阀时代弃官在湖南、广东、浙江及澳门等地经商、办厂搞实业，为蓝家创下了基业。父亲蓝世勋曾是同盟会会员，从英国剑桥大学读书回国后，同直系军阀头子孙传芳结为拜把兄弟，升任江苏税务局局长，为蓝家积聚了家产。蓝妮13岁入南京暨南女中，15岁入上海智仁女中。

蓝妮原名蓝业珍，从小嘴巴甜，亲和力特别强。同学间有矛盾，她只要一掺和，大家又都喜笑颜开了。有同学开玩笑说，她就像一把烂泥，把大家都糊到了一起，因此落有"烂泥"绰号。她一点也不生气，后来干脆将"烂泥"念成其谐音"蓝妮"，作为她的名字。她自己的真名倒被人们忘掉了。蓝妮从小就显得美丽俊俏、聪明伶俐，加上小蓝妮一张不同于汉人的美丽脸庞与一双湛蓝的眼睛，就像洋娃娃一样，人称"苗王公主"。

1926年，蓝妮的父亲蓝世勋与好友一同外出时，途中遭歹徒袭击，那位好友当即中弹毙命，蓝世勋因此被吓成了精神病。蓝家不惜倾家荡产为其求医治病，三年下来，蓝父病情非但未见好转，蓝家财力已捉襟见肘了。无奈，蓝家于1929年将正在学校读书的17岁的蓝妮，嫁给国民政府高官李调生的次子李定国为妻，作为回报，李家每月给蓝家补贴100元。

李定国毕业于上海法政大学，外貌英俊，又喜好京剧，表面看来两人似乎是很般配的。但是李、蓝婚后很不和谐。李家是封建的汉族官僚人家，清规戒律很多，致使蓝妮这位生性倔强、生活随意

倾
城

1935 年，孙科与蓝妮结婚后在上海的合影

惯了的苗家尊贵女儿很不适应。李家老辈人亦常以是李家出钱资助了蓝家解困为由，并不将蓝妮平等看待。李定国虽风流倜傥，但胸无大志。他既不想出外做官，又不思经商挣钱，终日待在家中坐吃山空。蓝妮苦苦劝说无果，渴望着重见一片新的蓝天，遂于 1935 年毅然与李定国离婚，抛下一儿两女，仅带上几百元钱，独自闯入上海十里洋场。

　　1935 年暮春，蓝妮在上海老同学的家宴上，偶然认识了考试院副

1938 年 11 月，孙科、蓝妮与友人在重庆春森路寓所合影

院长孙科。孙科当时因夫人陈淑英在澳门养病，孤身一人在南京供职，不免有些寂寞凄凉。见到蓝妮，即为这位苗族血统的少妇的美色所倾倒，顿时对这位熟谙英文又知书达理的美女产生了好感。

后来，蓝妮以民国立法院院长孙科私人秘书的身份出现在南京。作为私人秘书，蓝妮将孙科的工作场所整理得井井有条，让孙科少了很多烦劳；她了解到孙科的一些生活习惯，将孙科的日常饮食生活都细心设计，让孙科感到家的温馨。交际场合，落落大方的蓝妮给孙科增添了更多的欢笑。孙科慢慢觉得，自己已离不开这位蓝女士了。蓝

倾城

妮对这位院长先生也有了了解，觉得孙先生虽位极权高，但天性温柔，性情和蔼，值得信赖。两人感情与日俱增，不多日后二人成婚，成为形影不离的伴侣。孙科公开声明蓝妮为他的二夫人。1937 年 8 月，蓝妮在上海生下女儿孙穗芬。

1937 年"七七"事变后，南京政府迁往重庆，蓝妮陪伴孙科也到了重庆。当时正值国共两党第二次合作时期，蓝妮又有幸时常跟随孙科去往重庆曾家岩的八路军办事处，会见周恩来、邓颖超、董必武等中共领导人，商讨抗日救亡大计。蓝妮在私下里与邓颖超结为好朋友，她称邓颖超为"邓大姐"。

蓝妮在重庆居住三年，后来因孙科的原配夫人陈淑英带着儿女，前来家中与孙科同居，蓝妮倍感处境尴尬。1940 年春，蓝妮独自一人回到日伪占领下的上海，以其特有的交际手腕，加之孙科夫人的盛名，周旋于上海高层官场。当时汪伪政府里的陈公博、周佛海、褚民谊、梅思平等大汉奸，对日伪前途不无担心，为将来有条后路，他们有意巴结这位孙夫人。蓝妮则不失时机地利用这些伪政府的高官，与人合伙承包工程，或助人开办股票交易所等，从中得利赚取高额利润。蓝妮赚了钱后，斥巨资在上海修建了一座豪华的新居——玫瑰别墅。这座洋房由七幢楼宇组成，都是独立的三层花园式结构，风格各异，并以不同颜色相区别，外观十分醒目别致。1945 年抗日战争胜利，孙科回到上海后，即与蓝妮和女儿孙穗芬居住在这处玫瑰别墅里。

蓝妮的出现丝毫没有动摇大太太陈淑英的地位，却严重伤害了孙科的另一位"私人秘书"严蔼娟。实际上孙科认识严蔼娟在先，两人在 1932 年就开始同居，已经相好了几年。但孙科一有了蓝妮，就打算

蓝妮是个"小富婆"

让严蔼娟下岗，而那时严小姐已经有孕在身。严蔼娟不甘心被抛弃的命运，要上法院去讨个说法。后来大老板杜月笙和司法泰斗吴经熊出面调解，严小姐才放弃打官司的计划，孙科则是花钱消灾，同意支付她和孩子的生活费。据说，孙家曾有一份"内部文件"，是孙科1946年亲笔立下的字据："我只有原配夫人陈氏与二夫人蓝氏二位太太，此外，决无第三人。特此立证交蓝巽宜二太太收执。"

1948年，蒋介石要通过选举保住总统之位，同时又要装潢"民主"门面，再选举出一个副总统，由李宗仁和孙科两人来竞选。蒋介石明

倾
城

孙科失望地看到自己落选，身边是元配夫人陈淑英

确表态支持孙科。当时，蓝妮和许多人都认为，孙科有蒋介石做后台，稳操胜券。但在前几轮选举中，孙科选票都没有过半数，按照规则，每轮淘汰最低得票之人，选举还将进行下去。然而，就在这竞选的节骨眼儿上，发生了一件导致孙科功败垂成的所谓"蓝妮事件"。

4月23日上午，《救国日报》头版头条刊登了一篇报道，大致内容是说抗战胜利后，国民党的中央信托局在上海没收了蓝妮的一批德国进口的颜料，作为敌伪财产处理。可是孙科致函国民大会秘书长洪兰友，说这批颜料为"敝眷"蓝妮所有，要求发还。洪兰友就写信给中央信托局局长吴任沧，说蓝妮是孙科的夫人，要吴看在孙科的面上，将颜料发还她……《救国日报》报道了孙科和蓝妮的事件后，在副总统选举的第一轮中，孙科就落在李宗仁之后。4月29日，经过四轮选举，最后李宗仁击败了孙科，当选为国民政府副总统。蒋介石气得大骂"娘希匹"。

"蓝妮事件"不仅让孙科落选，还导致了蓝妮和孙科分手。据说，当时孙科为了能竞选上副总统，面对政敌利用《救国日报》所做的大肆诋毁，不仅未替蓝妮公开辩解，相反，还为洗清自己做了一些小动作，这就激怒了生性倔强的蓝妮，她从此结束了和孙科近13年的夫妻生活。其实孙科败选还有更多深层次的原因，对手只是借"蓝妮事件"大做文章而已。没有此事，孙科也未必能胜选。

那时，国民党反动派在大陆的统治也行将崩溃，蓝妮于1948年将11岁的女儿孙穗芬送往香港读书。1949年，蓝妮也到达香港，生意失败加上在台湾的孙科官场失势，生活困难。直至1954年，女儿孙穗芬高中毕业后，到台湾当空姐，蓝妮的生活才有了好转。1957年，孙穗芬同美籍飞行员孙康威结婚。之后，蓝妮随女儿移居美国。蓝妮多次应邀回国，晚年定居上海。1996年9月28日，这位"苗王公主"在玫瑰别墅里，走完了富有传奇色彩的84岁人生。

倾城

李霞卿

为抗日举行飞行巡游的传奇明星

李霞卿，艺名李旦旦，1912年出生于广东省海丰县一个富有革命传统的富商家庭。李霞卿的祖母徐慕兰就是中国近代著名实业家徐润之侄女，女革命家徐宗汉之胞姐。其父李应生是位爱国志士，曾在上海法国租界巡捕房中担任高级翻译。童年时，李霞卿随父到过欧洲，学过法语，回国后在香港及上海中西文学校读书，精通英语，游泳、开车、骑马，样样都会，爱好广泛。受家庭的影响和东西方文化的熏陶，她不但外貌漂亮，而且思想活跃，胆识过人。

1926年，其父在上海与他人共同组建上海民新影片公司。她年仅14岁便以李旦旦的艺名从影。在民新影片公司拍摄的第一部影片《玉洁冰清》中担任女主角的妹妹，演出很成功。此后，在《和平之神》《海角诗人》《天涯孤女》《五女复仇》《西厢记》《木兰从军》等影片中担任主角或重要配角，成为名噪一时的影星。关于李霞卿青年时代的外貌，后来一位采访过李霞卿的记者这样描述："皮肤很细腻，微有几粒雀斑，愈显得秀丽非凡。口的形态像一颗初熟的樱桃，又像一双菱角，瓜子脸儿，弯弯的眉毛，身体颀长，一望而知是位典型式的广东女子。"

1929年，民新影片公司并入华联影片公司后，她便结束影星生涯，和新婚丈夫郑白峰一道去欧洲，先在英国一间私立学校读书。1933年，李霞卿在瑞士日内瓦的康塔纳飞行学校开始了飞行课程的学习。两年后，她转到了美国加州奥克兰市的波音航空学校深造，并取得了飞行执照。李霞卿迷上飞行的原因，流传较广的说法是因为她在法国巴黎看了一次飞行表演。

倾城

尽管李霞卿外表柔弱，但内心强大，始终充满着活力

李霞卿年轻时的照片

　　关于李霞卿突然息影的原因众说纷纭。有一个传闻，在拍电影《木兰从军》时的一天深夜，上海民新公司遭歹徒洗劫，许多钱款被抢。李霞卿勇斗歹徒，一连击倒两个歹徒，又将匪首推入黄浦江。事后，李应生为表彰女儿，在《木兰从军》情节中，加了一段"飞马追敌"的插曲。拍完电影后，李应生让李霞卿由李旦旦改回原名，暂时息影。有人认为这个理由没有史料依据，属于编造的情节，李应生与黑帮老大杜月笙关系非同一般，一般歹徒哪敢得罪？

　　其实，真正原因是李霞卿为了和在法国任国际联盟秘书的丈夫郑

1935年，李霞卿在美国芝加哥接受飞行训练

白峰在一起，就停止了在国内拍电影。虽然有了爱情结晶，但两人在法国的感情生活并不如意。郑白峰喜欢在家里读书，而李霞卿从小被家里宠，她喜欢到外面开 party；李霞卿想回香港居住，郑白峰却不愿意到那里去。两人于1937年离婚。

　　1935年底，李霞卿回国。次年，她获得了中国政府的飞行执照，并在上海举行了飞行表演，当时她年仅24岁。1937年，淞沪会战爆发后，李霞卿想作为一个战斗机飞行员为中国参战，但没有得到批准。于是她就在上海建立了救护受伤中国士兵的医院、难民营和学校。为此，

倾
城

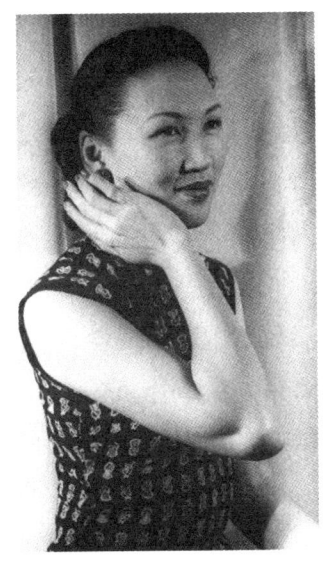

1939 年的李霞卿　　　　　　　　李霞卿在好莱坞拍电影期间留影

　　她受到了日军通缉。在一次电台采访中，她讲述了当时的险情："日本人悬赏我的脑袋，我听到这个消息，就在日本人占领上海几天后逃离了。"1938 年，李霞卿开始了在美国和加拿大的巡回飞行和演讲，还多次主持募捐集会，为中国抗战筹款。她被外国记者誉为"飞行使者"。此后，她还驾机飞往南美和加勒比海地区，为中国抗战募捐。

　　李霞卿并没有彻底放弃电影事业，也没有厌倦它。在海外的时候，她继续出现在新闻纪录片当中。她在业余时间研究西方新的电影技术，以使它能应用到中国的电影业中。1939 年，在美国飞行的时候，她

李霞卿　为抗日举行飞行巡游的传奇明星　　　　　　　　　235

在一部名为《争议通道》的好莱坞电影中出演角色。在里面，她扮演了一个中国女飞行员。她表演用的飞机，就是她飞行巡游所用的那架飞机。她把表演报酬悉数捐给了中国救济基金。

1939 年初，应美国援华药物局的邀请，李霞卿驾驶"新中国精神号"的单翼轻型飞机，访问纽约、华盛顿、洛杉矶等大中城市，开展广泛的国际援华抗日活动。每到一处，都受到华侨和当地友好人士的热烈欢迎。

1944 年，李霞卿遭遇"被死亡"事件。媒体误将李霞卿与另一位在飞行任务中与练习机相撞而机毁人亡的美籍华人女飞行员李月英混淆。"李霞卿 28 岁时在一次募捐飞行表演中飞机失事，不幸罹难"的说法乃误传。

抗战结束后，李霞卿到了香港。1958 年，香港启德机场新跑道启用时，46 岁的李霞卿出现在了启用典礼上，还亲自驾机做了示范表演。1960 年她从香港迁居美国，住在旧金山。

李霞卿总共经历了三次婚姻。第二次婚姻，她嫁给了一位姓徐的医生。第三次婚姻，她与一位姓李的男人结婚。这次婚姻伴随她到了生命的终点。这位姓李的男人非常爱她。1998 年，李霞卿因急性肺炎，在美国加州奥克兰市去世，终年 86 岁。

民国时期不缺少电影明星，但像李霞卿这样，生命中的每个重要历程，都充斥着别人的惊叹、讹传和猜疑的，仅此一人。不止于此，拂去笼罩在李霞卿身上的尘世浮华与宏大叙事，展现在世人面前的，是一位在婚姻中寻觅独立的妻子，在分离中寻觅骨肉的母亲，在旧时代寻觅权利的女人。虽然李霞卿并非严格意义上的"中国第一女飞行员"，但并不能冲淡这位传奇女子从出生、转型，再到死亡的神秘色彩。

倾城

赵一荻

最长情的誓言

赵一荻又名绮霞，因其1912年5月28日在香港出生时，东方天际出现一片绮丽多彩的霞光而得名。她有两个哥哥和三个姐姐，在姐妹中排行第四，又被称为赵四小姐。赵一荻父亲赵庆华在北洋政府历任津浦、沪宁、广九等铁路局局长，曾任东三省外交顾问，并官至交通次长，为人耿介不阿，为官清廉。赵四小姐的青少年时代是在天津度过的。在天津上学期间，她是个刻苦用功、成绩优秀的学生。赵四小姐天生丽质，且又聪明灵慧，十四五岁就曾成为《北洋画报》的封面女郎。

　　张学良是赵家的常客，1927年春天在天津蔡公馆舞会上认识了15岁的赵一荻。两人一见钟情，很快坠入爱河。此后的日子里，张学良一有空闲就和赵一荻散步、聊天、打球、下棋，或者谈论新诗。

　　父亲赵庆华知道女儿与有妇之夫张学良在一起，一气之下将赵一荻软禁起来。在六哥赵燕生的帮助下，赵一荻与家人不告而别，去东北投奔张学良，成了张学良的编外夫人。

　　赵庆华夫妇知道女儿喜欢已有家室的张学良，就在报上发表声明称："四女绮霞，近日为自由平等所惑，竟自私奔，不知去向。查照家祠规条第十九条及第二十二条，应行削除其名，本堂为祠任之一，自应依遵家法，呈报祠长执行。嗣后，因此发生任何情事，概不负责，此启。"

　　赵庆华随即声言自身惭愧，从此辞离仕途，退隐而居。当时军阀混战不息，张学良主政东北奉系，赵庆华官任北洋政府，认亲与否，多有不便。赵庆华隐退之举既可避免政争嫌隙，落人口实，又可减免张学良恩怨之忧虑，任其放手作为，可谓用心良苦。

　　张学良的原配夫人于凤至担心赵四小姐的私奔有辱张家门庭，只给她秘书的地位，没有给她正式夫人的名义。但这些都丝毫没有动摇

倾
城

"风流少帅"张学良　　　　　　　赵一荻

赵四小姐对张学良的爱情，她心甘情愿地以秘书身份陪伴着张学良。心胸大度、温柔贤惠的于凤至被赵四小姐的一片真情所感动，力主在少帅府东侧建起一幢小楼，让赵四小姐居住。两人还以姐妹相称，和睦相处。1929 年，赵四小姐为张学良生下了唯一的儿子张闾琳。

"九一八"事变后，张学良背上了"不抵抗将军"的恶名，赵四小姐也遭到国人的嘲讽和谩骂，被诬为"红颜祸水"。1933 年 3 月 11 日，张学良通电下野后，赵一荻伴其由上海乘意大利邮轮启程赴欧洲考察。

西安事变后，张学良被蒋介石软禁在溪口。幽禁期间，于凤至和赵四小姐每月一替一换，轮流来此陪伴张学良。于凤至由上海乘船来

生活中的赵一荻　　　　　　　赵一荻帮助张学良处理信件或手稿

宁波，赵四小姐则由宁波去上海，有时她们也一同留在张学良的身边，小住几日。后因赵四小姐和张学良所生的独子张闾琳年幼，于凤至留下照顾张学良三年，赵四返回上海抚养幼子。

　　1940年冬天，赵四小姐将幼子托给朋友照料，只身前往陪同张学良一起过幽禁的生活，从此再也没有离开过。1948年后，蒋介石对张学良的"管束"更加严密，在后来很长一段时间，外界再无任何张学良与赵四小姐的音讯，也无人再敢未经批准前去探访。有次，张学良给蒋介石送了块手表，意思是询问："要关我到什么时间？"蒋回赠一副钓鱼竿，意思为："慢慢等。"

倾城

赵一荻陪张学良在一起

　　这一等，就是遥遥无期。国民党兵败大陆后，蒋介石将张学良转至台湾继续软禁。在与世隔绝的寂寞中，张学良和赵四小姐的凄苦是可想而知的。他们两人相依为命，张学良把一切希望和欢乐都寄托在赵四小姐的身上，赵四小姐则尽自己全部的力量给张学良以安慰和照料。见过的人都说，赵四小姐经常身着蓝衣，脚登布鞋，几乎洗尽铅华，终日陪伴在张学良身边，令人感动。虽然相对来说，她比张学良多些自由，每年都能获准到美国去探望儿孙，但她每次总是飞去飞回，仅住两三天，即又回到张学良身边。

　　在半个多世纪的幽禁生活中，赵四小姐一直是张学良生活上最大

张学良和赵一荻在张学良九十大寿庆贺会上合影

的支柱，他们之间的爱情愈发浓烈。1964年，于凤至同意与张学良解除婚约，成全了张学良与赵四小姐的爱情。同年7月4日，即张学良63岁那年与52岁的赵一荻终于在台北市正式结为夫妻，从此赵四小姐才在两人同居36年之后获得了正式名分。

夫妇两人皈依宗教，成为虔诚的基督教徒，曾用化名出席台北市多个基督教徒的聚会。1990年，张学良结束幽居的生活公开露面，1995年选择在夏威夷定居，并且每个星期都准时去教堂参加礼拜活动。不论张学良在何处，赵一荻总是陪伴在他身边。

2000年6月22日，赵一荻握着张学良的手离开了人世。百岁高龄的张学良对赵一荻的去世，显出难以言喻的哀痛。他沉默不语地坐在轮椅上，泪水缓缓地流下来。张学良曾说过，他这一生欠赵四小姐太多。

倾
城

幸福一生的姐妹花

周叔苹 周稚芙

曾任两江总督、两广总督的周馥，办洋务办军械多年，积累了可观资产，是扬州的大户人家。周今觉是周馥的长房长孙，在辛亥革命后，举家搬至上海。因为有殷实的家底，周今觉不但成为中国集邮家、邮学家，享有"邮票大王"美称，还使上海多了几位气度不凡的名媛。周今觉有三儿八女，八个女儿个个如花似玉。其中尤数三小姐周叔苹和七小姐周稚芙突出。

周叔苹长得漂亮，还写得一手好文章常见诸报端，在中西女中有"中西皇后"之美誉。上海中西女中的前身是"中西女塾"，又被称作"墨梯女校"，由牧师林乐知先生于1890年创办。宋庆龄、宋蔼龄、宋美龄三姐妹早年在上海都曾就读于中西女中。经过半个世纪的开发、积累，此女子学堂逐渐成为贵族学校，时髦的洋名、流利的英语、良好的社交能力，使"名媛学堂"的女生成为上海滩现代生活的亮点。

中西女中的住校生活令学生们记忆犹新。教务长绰号"猫头鹰"，戴着一副大眼镜，走起路来轻轻的，常常半夜悄悄地到各宿舍查房。学生们都敬而远之，不敢得罪。学生们都盼着两周一次的回家时间。有的要会男友，有的要去舞厅跳舞，有的要上馆子打牙祭，有的要去看好莱坞电影。刚入学的周叔苹是第一次离家，没有保姆伺候穿衣梳妆、叠被铺床，一切都要自己动手，着实是难为了她一阵。但在学校中人人平等，谁也别想撒娇更不准耍赖，她小姐的任性脾气，就这样被强制磨平了。周叔苹后来出众的交际能力，也得益于在中西女中时的锤炼。

周叔苹经常出入上海上层社会的各种社交场合，并且十分活跃。更难能可贵的是，她并非只是一个漂亮的花瓶，还是一个不错的翻译家。她翻译的一些英文短篇文学作品，在林语堂主编的《西风》等高品

倾
城

姐妹俩的曾祖父是清朝封疆大吏周馥

位杂志上刊登。由于她的家庭背景，和社交文学上的成就，使得她成为
当时上海上流社会中继唐瑛之后的交际明星，是大家公认的社交"美后"。

　　周叔苹，集家世、美貌、才华和气度于一体，以大家名媛、才女
作家和交际明星的三重身份，成为引领一时风骚的社交奇葩，追求她
的帅哥才子不知有多少。后来周叔苹嫁给了富家子弟、工程师李祖侃。
两人的婚礼，可谓是上海滩的一大盛事。社会各界有头有脸的名流人
士皆在座，为两位新人捧场。而周叔苹名媛圈里的密友们也悉数到场，
充当女傧相、摄影师等职，芳华满场几人能敌？ 1949 年后，他们夫妻
二人随赴港潮去了香港，从此就没有再回来。

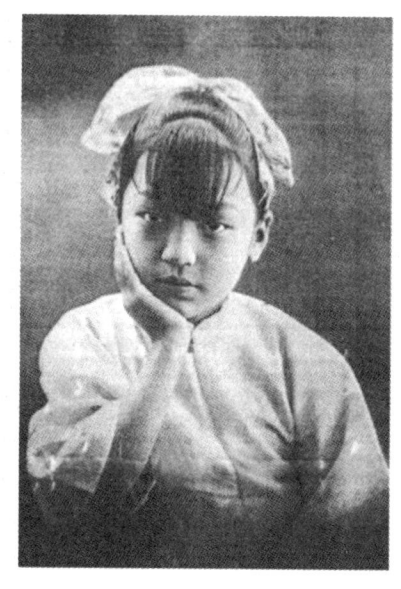

上海旧报刊上刊登的周叔苹照片　　　少女时期的周稚芙

　　周叔苹是和《城南旧事》作者林海音齐名的同辈女作家，有不少翻译作品和小说、散文出版。散文结集出版时，还是林语堂和张群为之写序。刚到香港的周叔苹已是人到中年。虽然青春不再，但为了要留住逝去的韶华，周叔苹穿着打扮还像二十来岁似的，并且经常是浓妆艳抹。这样的情形一直延续到年过八旬。由于她在垂老之年还穿上鲜艳夺目的流行时装，常在尖沙咀街头踽踽而行，一些当地居民和商店售货员便给她起了个外号"老美女"。这外号无疑是含有讽嘲意味的，但是他们大概不曾想到，这位打扮"出位"的老妪当年是上海滩交际名媛，年轻时要比她们风光得多。

倾
城

周稚芙在西摩路周家花园

周稚芙才貌俱佳，一生享有优渥的
生活，是那个时代的幸运儿

　　不同于三姐周叔苹在外展现出的出色文学与社交才华，周家的七小姐周稚芙则是个在父母身边娇宠长大的小姑娘，她性情乖巧、聪明伶俐，最得父母宠爱。

　　周家不仅有洋房、洋车，还有现代人都觉得很奢侈的游艇，当时因为游艇都很小，周家孩子又多，如果要坐游艇的话，孩子们得轮流去，不过周稚芙因为很受宠，所以每次都有得去。哥哥姐姐凡事都得让着她，用人们更不敢得罪她，上中学时每周都是父亲的轿车接送，以至她好日子都过腻了。她曾说："在中西女中读书时就盼望下大雨，因为下大雨马路上会积水，家里来接我们的小轿车就不能开了，我们就可以乘电车回家了。那时觉得乘电车很开心，那么多人乘一辆车，很热闹。觉得过点苦日子反而很开心，很新鲜。"其实很多有钱人家的孩子都是这样。上海"一·二八"打仗的时候，许多富家子弟都不害怕，纷纷走上街头，积极参加声援抗战的活动，演话剧，募捐，救助伤兵。

周稚芙是学校的优等生，也不例外。1933年，周稚芙中学毕业后，在一家广告公司做过一段时间速记员。

1934年，周稚芙与民国第一任总理唐绍仪的侄子唐明善结婚。父母仍把她当孩子看，无微不至地关怀。次年，周稚芙、唐明善的儿子唐无忌出生，更给小夫妻带来了无限快乐。

1938年阴历九月十八日是周今觉的60岁生日，一大家子在和平饭店的前身华懋饭店大餐厅举行庆典，宾客如云，孩子们更加兴奋异常。饭店里有为宾客灌制唱片的设备，周今觉录了3张他在生日庆典上的讲话，题目为《立功、立德、立言》。他的三女儿周叔苹和七女儿周稚芙各录制了一张，唱一支献给父亲的歌，讲几句祝福的话。这张唱片保留至今，记录下一个家庭半个多世纪前的愉快时光。

周稚芙是个有福气的人，生下来有家里人宠着，上学时是优等生，结婚后有老公宠着，老了又有儿子媳妇的孝顺。富日子能过，苦日子也能乐观对待。周稚芙与丈夫相敬如宾，近乎没有什么绯闻可写。在周稚芙的一生中，或许唯一的、也是最大的苦难，应当是"文革"期间被抄家批斗、全家生计堪忧的经历，但她始终乐观以待，保持着内心的明媚。2008年，周稚芙95岁时，眼不花、耳不聋，思路清晰，嗓音清亮，四世同堂，平平淡淡之中其乐融融，拥有了世人所羡慕的幸福。

倾城

蒋经国之痛

章亚若

1913年，章亚若生于南昌的一个书香门第，父亲19岁时娶了14岁的母亲，共生育了11个儿女，其中7个长大成人。章亚若排行第三，家中用人称之为三小姐。章亚若曾就读于南昌女中，在中学时就被称为才女。虽受西方现代文明教育，却难以冲破旧俗包围，1926年，章亚若初中毕业后，与时年18岁的唐英刚结婚，并育有远波、远辉两个儿子。唐英刚希望章亚若在家相夫教子，不要抛头露面，这与章亚若自由的个性格格不入，两人产生矛盾。

1935年，章亚若以第一名的成绩考上省高等法院做文书。唐英刚听说法院院长是个色鬼，加上外边的风言风语，就怀疑起章亚若，两人大吵一场，章亚若赌气回娘家，唐英刚郁闷之下竟不慎落水身亡。寡妇门前是非多，章亚若只能艰难度日。

据说后来章亚若经人介绍认识了一位国民党少将郭礼伯。郭礼伯很是欣赏章亚若的才华，对其多有照扶。1938年战乱一起，章亚若的娘家和婆家好几口人都来投奔她，也亏了有郭礼伯这条门路，让他们在赣州乡间安顿下来。

这时的蒋经国从苏联回国后，被父亲安排到赣南锻炼，担任赣州行政督察专员。上任伊始，蒋经国大刀阔斧，政绩卓著。章亚若经人介绍进入专署机关当图书资料员。不久，蒋经国量才使用，招章亚若至专署下属的抗战动员委员会任文书，后进入赣州赤珠岭青年干部训练班学习，章亚若充分显示出她多方面的才能，并被推荐为蒋经国在青干班的助手。

蒋经国向章亚若倾吐自己的爱慕之情，但章亚若鉴于经国已有妻儿，又身份特殊，自己是寡妇，不敢高攀，断然拒绝了蒋的爱情。

青干班毕业后，章被蒋经国安排到专署秘书室任助理秘书，不久

倾城

章亚若   蒋经国在赣南

兼任专署"民众询问处"负责人，又常以专署书记和《青年报》记者名义，随蒋专员外出抓赌、禁鸦片或巡视各县，并写成相关报道、文章，以"章频"或"懋李"的笔名在《青年报》发表，有时还配上章亚若自己绘的水墨画同时发表。由于蒋专员一再向章亚若倾吐爱情，章终于被他的真情所融化，于是两人互相商定情名：慧风（蒋经国）、慧云（章亚若），取"风云际会""风云不离"之意。经国并安排情人章亚若与妻子蒋方良一些接触、相处的机会。经国想向父亲蒋介石汇报这一个喜事，但因国难当头、战事不利等原因，一直没有汇报的机会。

拼接而成的蒋经国与章亚若合影

　　两人暗度蜜情，1941 年夏天，章亚若怀孕。蒋经国欣喜欲狂，要去重庆向父亲报告这一喜讯，恳请同意二人结婚。而蒋介石却认为：眼下不宜办这种婚事，在肚子大起来以前，先秘密转到一地方去待产。二人为没有得到蒋介石和社会对这门婚事的认可而十分苦恼，章亚若想去医院打胎，蒋经国却没有同意，于是他们在赣州"张万顺"酒家请几位亲信、好友为亚若去广西桂林待产饯行。也算是内部公开这门婚事，并由亚若的好友桂昌德陪同亚若由赣州去桂林，照顾其孕、产时的身边事务。在桂林，蒋经国则委托其好友、广西省民政厅厅长邱昌渭关照章亚若待产的相关事务。

　　1942 年正月二十七日，章亚若在省立桂林医院产下双胞胎，乳名

倾
城

章亚若留下的两个孩子与外婆的亲友在一起

为大毛和小毛，后"有幸"被蒋介石钦定名字孝严、孝慈，姓氏随母。蒋经国觉得对不住章亚若，一有机会就到桂林看望章亚若和双胞胎儿子，还说要带全家远走高飞，章亚若因此宽慰了许多。就这样，蒋、章两人还算快乐地过了半年多。

有一天，章亚若应友从之邀外出赴宴，回家后满脸苍白，呕吐不已，第二天上吐下泻，疼痛加重，送进了省立医院。1942 年 8 月 16 日，章亚若不幸去世。

蒋经国闻讯后，痛苦万分，却不能在第一时间前去送葬。章亚若的死因至今一直是个谜。有人说是患急性痢疾，找不到抗生素治疗而不幸丧生的。但更多的人认为章亚若绝非正常死亡，那么暗害她的人会是谁呢？

章（蒋）孝严、章（蒋）孝慈孪生兄弟合影

曾有观点认为，章亚若为情报人员黄中美策划所杀，黄的动机是出于对蒋家的"忠诚"，关心蒋经国的前途。但后来又有一些资料表明：章亚若的死与黄中美毫无关系。

当年蒋经国向父亲汇报与章生子之时，就受到老蒋严厉斥责，并要求其赶快决断了事。无论是家里还是在国中都是"掌门"的老蒋在此事中扮演什么角色，倒是挺耐人寻味、值得琢磨的。

章亚若与蒋经国暗恋的悲剧结局，与蒋经国的新赣南事业失败几乎同步。蒋经国惜于自己前程而无勇气公开与章的恋情，为章讨个"名

倾城

分"。两个私生子的名字中含有蒋家"孝"字辈家名,但却只能随母姓章,还要承袭母亲"地下夫人"的命运,做"秘密儿子"。1949 年章孝严和章孝慈在蒋经国安排下去了台湾。

1987 年,蒋经国弥留之际,还隐约呼唤着"亚若"。为了尊重蒋方良女士,一直等到她去世后,章氏兄弟才真正认祖归宗,改为"蒋"姓。蒋孝慈 1996 年去世。蒋孝严现居台湾,曾任台湾"行政院副院长"、国民党中常委,后荣升中国国民党副主席。

母以子贵,未婚生子的女人尤其想借机"上位",但事实上往往事与愿违。"逼婚"不成反而造成分手,甚至引来杀身之祸。寻常人更应引以为戒。

严仁美

人如其名的先锋女性

1915 年出生的严仁美，是上海一个官商结合、声名显赫的大家族第四代中的第一个孩子。令人没想到的是，这位日后上海的大美女，不但是个早产儿，幼时还是个"丑小鸭"。正如爷爷起个带"美"名字时期望的一样，严仁美越长越漂亮。严仁美 6 岁丧母，10 岁时到五姑任职的中西女中读书。中西女中是著名的贵族学校，她们年级共 90 人，其中 8 人最抱团。除严仁美外，那 7 个都是豪门望族的小姐，其中有民国财政部次长张寿镛的女儿张涵芬、黄楚九的女儿黄惠宝、中国驻法国大使的女儿唐民贞、福建富商林家的小姐林樱、苏州洞庭席家的外孙女沈幽芬、英美烟草公司沈昆山的女儿沈燕……

严仁美读完初二的时候，家族发生了一起逃婚的事情。这件事对严家的震撼是可想而知的。严仁美的父亲认为，这都是女孩子读书的缘故，便不许严仁美再去学校。严仁美不听，父亲无奈，就出个难题，如果严仁美学科样样都拿 90 分以上，就可以继续上学。没想到，严仁美初三毕业考试，考了全年级第一。但父亲仍然不让她继续念书，理由是已经许配人家了！

1929 年，苏州小马家在严家六姑的婚礼上看中了做伴娘的严仁美。一再上门提亲，声称无论什么条件都答应。小马家开义隆钱庄，还有当铺、米店等产业，家底殷实。马家急着提亲，还有一个原因：马家的太太正生重病，急需"冲喜"。严仁美的父亲觉得马家不错，就答应了。从此把严仁美关在家里，不许她去学校了。

严仁美一气之下，绝食抗议，果真两天没吃饭。结果，引得外婆带着五姨妈"打上"严家门来。双方几乎吵了起来。不吃饭又整天生气，不几天，严仁美病了，医生说是肺病。她外公当时已经搬到杭州住了，

倾城

中西女中最要好的八个同学，后排右二是严仁美

急忙将严仁美带往杭州疗养，还专门为她在房顶加盖了一间玻璃房给她晒太阳。严仁美在杭州待了一年，身体渐渐好了起来。她与父亲最终取得妥协——嫁人可以，但要继续上学读书。中西女中鉴于严仁美的表现，破例允许她结婚以后，继续升学。

　　20岁的严仁美嫁给马冠良后，小马家太太的病果真好了。过了一年，严仁美怀孕了，无法再去学校念书。新婚的小夫妻，还专门请了英国教师，在家学英语、社交。当时他们经常与赵四小姐及其兄嫂一起出去玩。那时上海滩仅有两辆最新颖、最时尚的别克敞篷轿车，一

幼时的"丑小鸭"长大后人如其名，
美貌与气质令人羡慕

辆是赵四小姐的，一辆就是马家的。

　　马家虽多年经商，但本质上还是旧式家庭，跟严家崇尚洋务、注重实业有很大不同。他们夫妇一个是出身旧式家庭的少爷，一个是出身洋务家族的新女性，两人在思想观念、生活习惯等方面都格格不入。马公子长得英俊潇洒，但缺乏社会经验，在十里洋场交了些坏朋友，生活上有了不轨行为，严仁美无法忍受，于是毅然提出离婚。

　　旧时大家族之间都有些千丝万缕的联系。过去老派人家交朋友都要延续好几代人，到了严仁美这一代，加上性情投缘，严仁美和宋霭龄的

倾
城

中年时期的严仁美增添了成熟女人的优雅与从容

大女儿孔令仪成了极要好的朋友。孔比严小一岁，两人无话不谈。

孔令仪知道严仁美婚姻不幸福，就常约她到孔家玩，还邀她乘坐孔家的船到香港游览。在船上，严仁美跟西餐师傅学会了做法式面包，连宋美龄都特别喜欢吃。严仁美尊称宋霭龄为"夫人"，而宋霭龄则说："你不要叫我夫人，就跟令仪一样，叫我妈咪嘛！"盛家（盛宣怀家）、宋家、孔家人全都支持严仁美离婚，鼓励她重新开始自己的生活。

太平洋战争爆发前夕，严仁美的干妈盛关颐离开上海，新康花园

严仁美（右一）与赵四小姐（左三）等朋友在香港

15号的房子就空下来了。严仁美很喜欢，就请人重新粉刷装修。这时日本人在租界内的势力日益膨胀，一些日本官员纷纷到高级住宅区找房子。或许是严仁美太扎眼了，一个叫山本的日本人天天去看房子，严仁美一再说房子是不租的，可山本仍死缠不放。还叫一个汉奸传话，说山本是大官，未婚，嫁给他不吃亏……

严仁美吓得没敢再去新康花园，可山本仍不罢休。严仁美住在娘家，山本就派人到她娘家纠缠；她躲到叔叔家，就有人在叔叔家附近盯梢；她躲到朱家（小姑婆嫁到海盐朱家），结果又把祸水引到朱家，亲戚朋友都被弄得人心惶惶。

倾
城

这时孔令仪、盛关颐等都到了重庆，孔令仪托人带信叫她去重庆，并帮她办好一切手续。但临到要走，马家却不同意她带走儿子。她舍不得儿子只好留在上海。

日本人总是纠缠，留在上海也不是办法，严仁美的父亲、叔叔、姑父等人商议之下，认为唯一的办法就是让严仁美抓紧嫁人。严家很快相中了宁波小港的李祖敏。李祖敏光华大学经济科毕业，有学问，人本分，没成过家，还是大中火柴厂的老板。见面一谈，双方都满意，为防不测，三个月后就把婚事办了。严仁美与唐瑛成了堂妯娌。

1943年4月12日结婚那天，为防日本人前来捣乱，李祖敏通过朋友吴四宝请来了10个保镖，前呼后拥，倒也威风。现在从他们的结婚照上看，伴郎伴娘都没有，10个保镖倒赫然在列。严仁美与李祖敏婚后夫妻恩爱，几年后育有一儿一女，其乐融融。马家将严仁美与马冠良生育的3个孩子要了回去，这令严仁美十分伤心。

为了要回孩子的监护权，上海解放前严仁美与马家打过几年官司，最后只获得了探望权。新中国成立后，她再次起诉，这次，孩子才回到她的身边。严仁美积极参加社会公益活动，放弃了定居美国的机会。严仁美90多岁时看上去只有70多岁，美丽依旧，一直活到112岁。

杨秀琼

『南国美人鱼』

杨秀琼出生于 1918 年，祖籍广东东莞。东莞是我国著名的游泳之乡。生在海边的杨秀琼从刚会走路时起，便在父亲的指导下学习游泳，10 岁时随父迁居香港。其父在南华体育会游泳部工作，对孩子们的训练也较为正规。杨秀琼游泳、体操、田径样样精通，耐力惊人，动作精准，爆发力强，常常在 10 级台风下的海里畅游。由于出众的天赋和坚持不懈的努力，杨秀琼运动成绩迅速提高，12 岁时便在全港游泳大赛里一举夺得 50 米和 100 米自由泳两项冠军，被称赞为"游水神童"。

1933 年，年仅 15 岁的杨秀琼在南京举行的民国第五届全国运动会上技压群芳，不但勇夺 4 枚个人金牌，还和队员一起夺得了接力金牌。杨秀琼包揽了女子游泳总五项赛事第一，并创下了新的全国纪录，开始在国内体坛崭露头角！

1934 年，杨秀琼在菲律宾举行的远东运动会上，获 3 块单人金牌，1 块单人银牌，打破远东记录，并在接力项目上凭一己之力弥补上前三名队友的落后差距，而获得了第一名。杨秀琼声名远扬。《申报》记者得知香港某中年商人为追求杨秀琼来到菲律宾时，竟评论说："（杨秀琼）女士关系我国运动界荣誉，此后大问题，非徒一身荣辱也。"杨秀琼被视为"民族女英雄"，是国家形象的"巾帼代表"，"美人鱼"之称也不胫而走。

1934 年 7 月，杨秀琼受邀参加蒋经国在南昌的"新生活俱乐部"游泳场表演，途经上海，受到当地广东人的热烈追捧，欢迎宴会上，永安纱场老板郭顺、电影皇后胡蝶、杜月笙等名流都是座上宾。表演中，杨秀琼横渡赣江的英姿让上万狂热的观众喝彩连连。

女子游泳在当时是一件稀罕事，大出风头的杨秀琼被《良友》杂

倾城

杨秀琼站在颁奖台上　　　　　　杨秀琼成为《良友》杂志的封面女郎

志评为十大"标准女性"之一，成为与"第一夫人"宋美龄、"上海地产大王"哈同夫人罗伽陵、廖仲恺夫人何香凝、孝女胡木兰、作家丁玲、"影后"胡蝶等并列的女性。

　　明眸皓齿、天生丽质的杨秀琼不但游泳水平极高，而且擅长社交，在屈指可数的女子体坛明星中更加醒目。杨秀琼身形健美、明眸熠熠，成为20世纪30年代国内著名的新闻人物，热度不亚于光芒璀璨的电影明星。当时上海流传着一句话："听戏要听梅兰芳，看球要看李惠堂，游泳要看美人鱼！"

　　杨秀琼成为中国近代史上最早拥有"追星族"的体育明星，她的

杨秀琼泳装照

一举一动无不引起全国各大报刊记者的瞩目，其泳装照片不断在报纸上巨幅刊出，而且好多杂志都把她作为封面人物，杨秀琼一时成为全国青年们崇拜的偶像。1933年12月出版的第77期《良友》杂志封面，就是杨秀琼的泳装照。随后出版的《中华》画报封面上，更是出现了杨秀琼身穿分体式泳衣的照片，这在当时不能不说是一股女子解放的风潮。

　　杨秀琼在上海举行的第六届全国运动会上继续独领风骚。当时很多人对于女子游泳是带着几分亵玩的心情在看的，觉得这就是大姑娘当众洗澡嘛。一些清朝遗老见到女运动员一身露肉泳衣出场，很是慌

倾
城

国民政府主席林森与杨秀琼姐妹合影

张："罪孽！罪孽！女子洗澡，还招人来看，真是不知羞耻！"

　　各媒体纷纷刊出杨秀琼的泳装照。《玲珑》杂志报道："可怜的杨秀琼，在色情狂的社会中，'看大姑娘洗澡'的意识下，每有一次游泳表现，几乎风靡了整个的都市。" 杨秀琼像名媛一般出席许多活动，交际应酬，新闻不断，这对于一个普通家庭的小女孩来说，未免太难了。

　　国民政府主席林森特意邀请杨秀琼及其家人到其碑亭巷官邸做客。为了表示对杨秀琼的欣赏，林森亲自摆下茶几，为"美人鱼"沏茶，并饶有兴趣地与杨氏姐妹及其家人合影留念。照片上，林森皓发如雪，长髯齐胸；杨秀琼明眸皓齿，红艳如华，一老一少，一红一白，相映成趣。

风头正劲的杨秀琼渐渐成为社会花边新闻的常客。杨秀琼多次在公众场合发言，希望支持女子体育、希望更多女性可以加入强健身体的队列，但是记者们更喜欢花边新闻，将行政院秘书长褚民谊亲自驾着马车去接杨秀琼全家，写成接杨一人。褚也获得了"拉马秘书长"的"雅号"。更有杨秀琼与褚民谊暗生情愫、将参演电影《水上花》等传闻。新闻里充满着铺天盖地的猜测。记者对杨秀琼的采访一开口问的也是"何时婚配""喜欢什么样的食物"等这样的无聊话题。

汪精卫曾请杨秀琼为火车轮渡剪彩，并待以尊贵的客人之礼，招待她寄寓在其时南京最上等的旅馆——中央饭馆内。剪彩仪式后，汪精卫尚未到家，其一举一动早已为"悍妻"陈璧君所知。第二天，汪精卫的脸上就多了几道汪太太"犒赏"的血痕。有人据此创作漫画《观鱼图》讽刺汪精卫想入非非，面对美人鱼只能望洋兴叹。

在"美人鱼"的众多粉丝中，还有一位就是后来的四川实力派人物范绍增。范绍增出生于1894年，绰号"范哈儿"，13岁时加入"袍哥"，还加入了同盟会，在杨森手下任旅长，后转投刘湘当了师长。范绍增多次到上海，与杜月笙结拜为把兄弟。1933年，范绍增受蒋介石之命带兵到湖北与红军作战时受了重伤，被杜月笙派徒弟张松涛接到上海就医。范绍增通过关系与杨秀琼见面相识。

杨秀琼频繁出席社交活动，训练时间在急剧减少，人们在她身上加诸的希望却在无限放大。大家在赏玩消遣的同时，还希望杨秀琼能

倾
城

1941年，杨秀琼与陶柏林在香港

在1936年举办的柏林奥运会上为国争光。但是，因为亚欧游泳水平的普遍差距，杨秀琼在预赛中就被淘汰，这大大刺痛了期待佳音的国人。

在孱弱中好不容易培养出来的体育热情骤然变成了一片骂声，作为中国游泳队唯一的女选手，18岁的杨秀琼更是成为人们谩骂的"出气筒"，压力可想而知。漫画家鲁少飞以《蛋的时髦》为题进行辛辣讽刺，漫画中浓妆艳抹的杨秀琼抱着一只大鸭蛋在游泳池边痴痴发呆。巨大的落差让杨秀琼一时难以接受，鲁迅也曾以杂文对国人对杨秀琼从力捧到棒杀的现象加以评论。

从此以后，媒体极少关注杨秀琼的训练，而是更喜欢报道她的私

1941年，陶柏林和一对儿女

生活，媒体爆料过的杨秀琼的绯闻男友就有多人：南洋富商的儿子沙某、因"不加征地方一税，不妄动官吏一人，不私携公物一丝，不敬取民财一介，不轻伐山陵一树，不浪费府库一钱"而有"六不将军"之称的陈孝威，以及欲纳"美人鱼"为第8房姨太太的广西银行总顾问陈向元等。建筑师杨润钧更是被传得有板有眼，气得杨秀琼回应道："我们广东人最忌同姓结婚，且杨杨氏，杨杨秀琼是何等难听。"这些捏造之词，给杨秀琼的生活和训练带来困扰。

1937年，杨秀琼在香港与赛马师陶柏林相识。陶毕业于复旦大学，是上海人，被广东人视为"北方人"，故而有"北国第一骑师"之称。

倾
城

杨秀琼　　　　　　　　　　　范绍增

杨秀琼不想放弃游泳以备战"七运会"，但后因抗战爆发，运动会取消。1939年11月，杨秀琼与陶柏林结婚。1941年，杨陶夫妇已是儿女双全，婚姻却只是短暂美满。

杨秀琼运动青春已逝，难以再显英姿雄风，安心相夫教子。陶柏林的暴躁脾气没多久就开始显现，将在外面受到的不如意都发泄在妻子身上，开始是骂，后来是打。香港被日军占领后，陶柏林便离家去桂林经商，与杨秀琼正式分居，两个孩子跟了杨秀琼。

1943年，已能说一口流利上海话的杨秀琼重返上海。虽然运动员的青春已逝，但25岁的年纪依然年轻漂亮、健美爽朗。杨秀琼还有一个秘密身份，早在日本占领下的香港时，她就已经成为重庆国民政府的一名情报员，收集着日军情报，故而有些举动是令人费解、又不便解释的。"美人鱼"离开泳坛的原因，不断地引发人们的猜测和臆想，媒体甚至编造出她沦为军阀范绍增的18房姨太太，此说越传越广，越传越真，至今流传，令人无语。

关于杨、范两人流传甚广的版本是：范绍增在重庆通过卑鄙手段强行霸占了杨秀琼，并强迫陶柏林与杨"离婚"。《重庆日报》还在头版头条发布"南国美人鱼杨秀琼与川军司令范绍增将军结婚"，小标题为"杨秀琼与陶柏林离婚"，并附有他们亲自签署的"离婚书约"。杨秀琼被迫当了范绍增的第18房姨太太，体育生涯就此结束。

范绍增的花边新闻本来就不少，坊间传言妻妾成群，姨太太多达40多位。据说，范绍增的小妾紫菊和一男青年好上了。范绍增知道后，恼羞成怒，恨不得把两人都杀了。但经多人求情后，决定做个好事，当众宣布：收紫菊做干女儿、收男青年做干儿子，并送嫁妆、办结婚酒席，搞得皆大欢喜。上述佳话在山城传开后，都称道："范师长讲情义。"为了管好几十位太太的生活，范绍增专设了总管事、管事几人，其下配汽车司机、弁兵，花匠、跑街的、打杂的，中厨、西厨和饲养员等各色人等，林林总总，不下百十人。以范绍增为原型创作的影视作品有不少：《傻儿师长》《傻儿军长》《哈儿传奇》等。其实，范绍增的姨太太只有7名。紫菊只是范家的丫鬟，并非范的小妾。范绍增也并不"傻"！而是有勇有义有谋，或是大智若愚。范绍增在复杂的四川政局中脱颖而出，被蒋介石委任为第88军军长，自募兵员抗日，率部击毙日军第十五师团长酒井中将，在日军中引起很大的震动，因

倾
城

在鲜花与掌声的背后，也时时紧随着猜测
和谣言，这令杨秀琼厌烦苦恼

为在日本陆军历史上，"在职师团长阵亡，自陆军创建以来还是第一个"。范绍增后被蒋介石调任为没有实权的第十集团军副总司令，而闲居渝、沪等地，后反蒋起义，中华人民共和国成立后任河南省体委副主任。1977 年 3 月去世。

杨秀琼与范绍增的这个传言完全是子虚乌有，杨秀琼没有到过重庆，杨、范两人虽然认识，但关系是简单而清白的。抗战胜利后，范绍增移居上海，带子女到国际饭店吃饭时，曾邂逅杨秀琼，两人只是礼节性地打了招呼。

抗战胜利后，杨秀琼被上海《侨声报》聘为记者，一时又被街头小报以及各类杂志等社会新闻媒体关注，并入选最美女记者，成为新闻人物。因为一些小道谣传，杨秀琼开始厌恶上海这个曾经令自己辉煌的城市。

1947年，杨秀琼与陶柏林正式离异。《中外影讯》曝出惊悚新闻：（杨、陶）分居期间，陶柏林与有夫之妇王美仙有染，被王夫知晓，闹到警局，陶柏林被拘留5天，罚款2400元。

杨秀琼最后一次在世人面前做公开游泳表演后，就离开了上海，回到香港后致力推动扶贫和拯溺服务。不到30岁的杨秀琼，生命的辉煌已经燃尽，只想过上平平淡淡的普通人生活。但是，漂亮的脸蛋，健美的身材，挫折的婚姻，使杨秀琼饱受着坊间那些谣传绯闻的困扰。

后来，杨秀琼低调嫁给华侨商人陈真广，后移民加拿大。从泳坛名将，到抗日先锋，再到绯闻主角，"美人鱼"从此再没回过国。1982年10月10日，杨秀琼在异国他乡溘然病逝。消息传来，国内外报纸都有刊载。游泳界对她的逝世表示哀悼，对她曾经对游泳事业所作的贡献表示怀念。

"美人鱼"杨秀琼，惊心动魄谍报生涯的另一面虽然鲜为人知，但却更值得人们关注！

倾
城

泥潭中的悲悯与苍凉

张爱玲

张爱玲小名张瑛，1920 年 9 月 20 日出生在上海一个显赫的家庭，祖父张佩纶是晚清御使，祖母是李鸿章之女。张爱玲的母亲黄逸凡出身军门，是一位受西方文化影响的官宦家族女性，父亲张廷重是个遗少型少爷，因吸毒导致家道中落。张爱玲父母感情不好，母亲在其幼年时便出走前往法国留学，后来其父母离异。缺乏父母关爱的张爱玲，在幽深似海的侯门里孤独地成长着。7 岁时，张爱玲就展现出惊人的文学天赋，开始学习写小说。

显赫家世与哀伤童年形成强烈反差的张爱玲，于 1931 年秋进入上海圣母玛利亚女校上学。1932 年，张爱玲的第一篇带有她童年烙印的家庭悲剧小说《不幸的她》，在上海圣玛利亚女校年刊《凤藻》总第十二期发表。1939 年，张爱玲以远东地区第一名的成绩考取英国伦敦大学，后因欧洲战事就读于香港大学文学院。香港沦陷后，尚未毕业的张爱玲回到了上海。1943 年初，张爱玲在刚复刊的《紫罗兰》杂志上发表《沉香屑——第一炉香》后，就逐渐名声大噪起来，其作品遍及《万象》《天地》《古今》等刊物，上海各杂志竞相邀稿。至 1944 年的两年时间内，张爱玲发表小说 17 篇，约 26 万字；散文 42 篇，约 15 万字。上海冒出了一位名副其实的文坛女才子。

张爱玲的小说大多以上海为背景，以爱情为基调，"俗"中见"雅"。也许是少年时代曾目睹家庭的败落、父母的离异，张爱玲的作品始终有一种独特的"荒凉感"。这个特点也是除文笔出众以外，其文章能够在"战争造成的一个大毁坏时代、一个无常变幻的时局"很快流行的原因。

张爱玲有了众多粉丝，恃才傲物的胡兰成就是其一。胡兰成 1906 年生于浙江嵊县一个农村贫寒家庭，经过艰苦的求学路途之后，1932

倾
城

气质不凡的张爱玲

年返乡时，发妻唐玉凤恰在此时去世，家中无力下葬。生活的艰难使胡兰成产生"放弃正义感，一心只想向上爬"的念头。汪伪政府成立后，胡兰成先后担任汪伪政权"中央执行委员""宣传部政务次长""行政院法制局局长"，以及《中华日报》总主笔等要职，但后来地位有所下降。加之胡一贯自负，得罪人甚多，渐渐地，也不讨汪精卫的喜欢了，至1943年，胡兰成已被冷落。胡因发表反对汪伪还都、攻击汪伪的令人耳目一新的文章，而被怕日本人"换马"的汪精卫逮捕。后来在日本军人的强力干预下，才获释放。

胡兰成与张爱玲的相识，并非偶然。在此之前，彼此就已耳闻对

胡兰成

方大名。不过，当时的胡兰成是"已婚"状态，第二任妻子全慧文，是个教师。胡兰成在上海也有一个家，由他的侄女青芸打理，他的正妻全慧文，平日也在上海。这位太太只求丈夫按时供给家用，对胡的行为不加限制。胡还有个情人名为应英娣，一般在南京，常陪着胡兰成。

出狱后的胡兰成，无意中看到张爱玲的小说，大为赞赏，从南京到上海只身登门拜访，但被张爱玲的姑姑挡了回去。张爱玲对胡兰成的"文才"极为推崇，第二天就打电话给胡兰成，说要到他的家里来回访。

两人可以说是一见钟情。胡兰成以名士风流自居，见过的女人多，

倾
城

随处留情的事也多。但是，张爱玲这样一个旁人不可比拟的女子，是他没有见过的。张爱玲的气质，是从内里溢出来的，随时把人慑住。这一次，是张爱玲的初恋，她感受到的是成年男人的呵护和旗鼓相当的欣赏。

这种理解、信任和默契，加上心灵上的沟通与和谐，是任何理智的力量和世俗的束缚所不能压制的。两人很快坠入情网。胡兰成很快与妻子离异，1944年，两个人只写了一纸没有法律效力的婚约，张爱玲写："两个人结为夫妻，互敬互爱。"胡兰成微微一笑，提笔加了一句话："愿岁月静好，现世安稳。"如此两人便算是正式结为夫妻。

婚后，张爱玲扩大了特殊的社交圈。周佛海等汪伪高官及日本人都与张爱玲颇有私交。胡兰成在《论张爱玲》一文中捧称自己的妻子是"鲁迅之后有她"。

抗战胜利后，张爱玲被上海舆论界称为"文化汉奸"。张爱玲的迅速走红，与丈夫胡兰成等汪伪政要的推崇有一定关系，也随沦陷区的解放而快速失落。张爱玲从大红大紫到没落苍凉，是一个巨大反差。因为胡兰成，张爱玲政治上被人误会，创作中断，付出了惨重的代价。

张爱玲很快发现胡兰成在与自己结婚的同时，还勾搭着其他女人。抗战胜利后，胡兰成隐姓埋名独自一人逃到浙江诸暨一个斯姓同学家中避难。胡兰成在这里住了8个月，完成了《武汉记》。在此期间，胡兰成又与斯家小妾范秀美产生了恋情。张爱玲在上海似乎也有所察觉，她痴情地在1946年1月底，匆匆从上海赶往诸暨。

诸暨位于浙江省中北部，山清水秀、历史悠久、人文荟萃。战国

张爱玲与李香兰的合影

时的西施就出生于此。张爱玲一路奔波，无心赏景。赶到斯宅村的"小洋房"时发现已人去楼空。原来胡兰成已与范秀美"比翼双飞"至温州范秀美的家乡，回乡过春节了！

因为临近春节，张爱玲找不到交通工具，她的心灵受到了深深的伤害，身心俱疲使她无法继续追逐下去。1946年的春节，张爱玲就是在诸暨的这个小山村度过的。在《异乡记》《秧歌》等文章中，均能寻找到她在诸暨的生活印迹。

春节后，张爱玲赶到温州。想不到胡兰成身边又有了一个女人。

倾
城

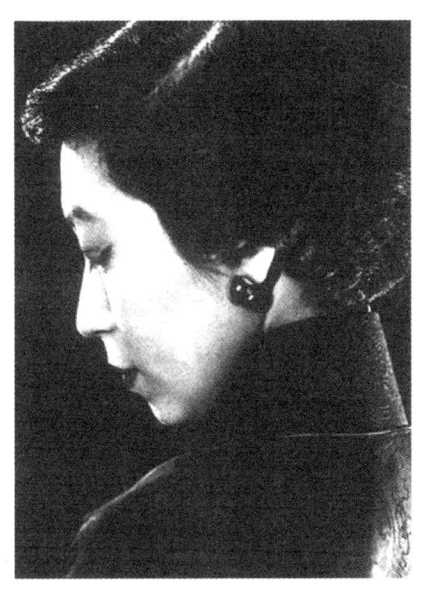

张爱玲的侧影

没能让胡兰成回心转意。张爱玲不得已离开了温州，离开了胡兰成，她内心充满着无奈和伤感。张爱玲在以后写给胡兰成的信中说："那天船将开时，你回岸上去了，我一人雨中撑伞在船舷边，对着滔滔黄浪，伫立涕泣久之。"

　　1947 年，张爱玲把自己赚来的 30 万稿费全部寄给了胡兰成，随信寄去的还有离婚书。无论那个男人如何负她，她终究舍不得他受苦。这段感情虽只有短短 3 年，却是张爱玲一生挚爱，也是张爱玲一生逃不开的伤痛。

上海解放初，夏衍接管并主持上海文化工作，重新组织创办刊物报纸，张爱玲应邀在《亦报》发表描述城市中上层旧家庭的连载小说《十八春》，引起轰动。但张爱玲写不出新时代需要的歌颂"英雄""土改"的作品。在上海市第一届文代会上，穿着旗袍的张爱玲在列宁装的海洋中显得很不"合群"，加上"文化汉奸"的阴影始终伴随着她，张爱玲感到人言的可畏和政治的威胁，产生出强烈的离开上海的念头。

夏衍不但挽留张爱玲，还婉转地撮合她与著名导演桑弧。但 32 岁的张爱玲去意已决，于 1952 年 7 月，以"继续因战事而中断的学业"为由只身到了香港，在美国驻香港的新闻处担任英文翻译。

1954 年，张爱玲在港发表了反映土改的长篇小说《秧歌》和《赤地之恋》，其中触及干部腐败行为等现象和对土改的负面揭示，加上用词的政治性模糊，引起内地评论界的注意，给予严厉批评。"另类小说家"的名声始终像阴影一样跟随着她，使她困惑不已。

张爱玲感到写作才情已被岁月消磨，"从未涉及政治的自己"，已经越来越要陷入政治的"泥潭"。1955 年，张爱玲以"难民"的身份成为美国的永久居民，靠"爬格子"谋生。

对创作的追求和希望使张爱玲在美国遇到了知音，给她寂寞的生活带来了生机。这个人就是美国激进的左翼作家、好莱坞编剧甫德南·赖雅。

赖雅是在麦克道威尔文艺集中营的一次聚会上遇到了张爱玲，他十分欣赏她的才华。张爱玲将《秧歌》英译本送给赖雅，希望得到指正。赖雅读后说："没想到，你的文章写得那么漂亮，文笔又是如此优美。"

倾
城

张爱玲告诉他这篇小说曾被定为"反共文学"，赖雅指出："可是政治观点和艺术并没有什么必然联系。"

共同的志趣，相互的关心，使他们两人的感情快速升温。1956 年 8 月 14 日，36 岁的张爱玲与 65 岁的赖雅在纽约举行了婚礼。他们共同生活了 11 年后，赖雅因心脏病去世。同年，张爱玲受邀担任加州大学中国研究中心的"中国共产党专用词汇"高级研究员，工作了 26 年，这期间没写过一个字的小说。

张爱玲晚年深受皮肤病的折磨，郁郁寡欢，孤身一人过着闭门谢客的冷清生活。回想年轻时的资本，晚年却缓缓逝去，使自己屈服了人生，屈服了世界。

1995 年 9 月 8 日晚，恰逢中秋节的圆月高挂，张爱玲在洛杉矶西木公寓逝世，皎洁的月光抚慰着远在异国他乡的孤魂。

张爱玲死后一星期才被警署发现，她"安详地躺在空旷的大厅中精美的地毯上，桌子上有一沓铺开的稿纸和一支未合上的笔"。同时发现的还有她为自己立下的遗嘱："所有私人物品留给香港的宋淇夫妇；不举行任何葬礼，将遗体火化，骨灰撒到任何空旷荒野。"

张爱玲可能是因为没有走出童年缺少父爱的阴影，才会嫁给胡兰成，而为婚姻的坎坷埋下了伏笔。一个十分纯文学而不想卷入政治的高傲才女，最终还是因为一场不幸的婚姻，在政治中沉浮。走过 75 个人生春秋的张爱玲，经过世间热闹与寂寞、浮华与苍凉、大喜与大悲，默默地离去，她没有儿女，火化时也没有一个亲人到场，骨灰按她的遗嘱撒在了广阔的太平洋之中。这位"旷世才女"的死再度激活席卷中国的"张爱玲热"，一些作品被改编成电影而走红。《色·戒》就是其中一部。张爱玲曾听其夫胡兰成讲述过郑苹如施美人计的经过，于是她以这一故事为蓝本，写成了小说《色·戒》，从女性的角度对故事主人公之间扑朔迷离的感情加以渲染。然而，小说毕竟替代不了事实，现实中年青的烈士郑苹如用自己的鲜血和生命谱写了一曲荡气回肠的爱国诗篇。

郑苹如

周旋于魔窟的中统特工

生于 1918 年的郑苹如是中日混血儿。父亲郑钺，又名英伯，早年留学日本法政大学，追随孙中山先生奔走革命，加入了同盟会，可说是国民党的元老。母亲是郑英伯在东京时结识的日本名门闺秀木村花子。花子对中国革命颇为同情，两人结婚后花子随着丈夫回到中国，改名为郑华君。郑苹如是他们的第二个女儿，从小聪明过人，善解人意，又跟着母亲学了一口流利的日语。

抗战爆发后，郑苹如毅然参加抗日救亡运动。上海沦陷后，19岁的郑苹如加入中统从事地下抗日工作。她花样年华，风姿绰约，加上良好的社会关系和卓越的日语能力，是上海滩有名的美女。当时全中国最有影响力的画报——《良友》画报，在 1937 年 7 月的第130 期就以她为封面女郎，长眉弯弯，鹅蛋脸，眼睛有混血特征，标准的大家闺秀相貌，只是因为她身份特殊，只称"郑女士"三个字，而未写全名。

郑苹如是位极优秀的特工，她凭借母亲的关系，周旋于日寇的高级官佐中。她曾和日本首相近卫文磨派到上海的和谈代表早水亲重攀上关系，继而又通过早水的介绍，结识了近卫文磨的儿子近卫文隆、近卫忠磨，以及华中派遣军副总参谋长今井武夫等人。那近卫文隆见到郑苹如后，一下子堕入情网。她曾想绑架日本首相的儿子近卫文隆。"若掌握了近卫文隆，不就能迫使日本首相作出停战让步了吗？"她大约出于这样的考虑。但上级命令她中止这一危险的游戏，近卫文隆才不知不觉地逃脱了政治肉票的命运。"美色"是特工们常用的"武器"，郑苹如当然知道。上级决定抓住汉奸丁默邨好色的弱点，用"美人计"除掉这个汪伪特务头子。这个重任

倾城

郑苹如曾是《良友》的封面女郎

就落在郑苹如身上了。

丁默邨曾当过郑苹如在中学读书时的校长，"不期而遇"见到这个如花似玉的女学生令丁默邨喜出望外。郑苹如佯装成涉世未深的少女，不时恃宠撒娇，与丁默邨时断时续，若即若离，逗得丁默邨馋涎欲滴，神魂颠倒。为了便于幽会，郑苹如被招为秘书，可以自由出入特工总部。中统见时机成熟，布置下手。第一次行动，由郑苹如请丁默邨到她家做客，在郑家附近安排了狙击人员，然而丁默邨诡计多端，他的轿车快到郑家时，他改变主意掉头离去，计划

郑苹如颇具影星气质　　　　　青春靓丽的郑苹如

遂告失败。

中统上海区重新策划第二次"刺丁"，他安排郑苹如以购买皮大衣为由，想把丁默邨诱杀在西伯利亚皮货店。另一个与丁有矛盾的汪伪特务头子李士群探知"刺丁"计划后，不但没有制止，还暗中相助。

郑苹如突然提出要去买件皮大衣，并黏着丁默邨同她一起下车，帮她挑选。丁默邨的职业反应是到一个不是预先约定的地点，停留不超过半小时，照理说是不会有危险的。心想郑执意要他同去，不外乎是想乘机敲他一笔竹杠。于是他便随她下车，但当郑正在挑选

倾城

皮衣时，丁默邨突然发现，玻璃橱窗外有两个短打衣着、形迹可疑的人，正向他打量。丁一看情形不对，便从大衣袋里摸出一沓钞票，向玻璃柜台上一掼，说："你自己挑吧，我先走了。"说完就急转身向外跑。郑见丁默邨突然向外奔跑，起初一愣，本想追踪出去，但走了两步，又停住了。

徘徊在店外人行道上的中统特务，没料到丁默邨会不等东西挑好，就突然冲出店来，因此稍微踌躇了一下，竟让他冲过马路。丁的司机见他狂奔而出时，早已发动引擎，开好车门。等到枪声响时，他已钻进车内，拉上了车门，子弹打在防弹车门上，他毫发无伤，扬长而去。而李士群派出的狙击人员，因只是"协助"成分，因此也没有怎么出力，暗杀行动乃告功败垂成。

郑苹如并没有像《色·戒》电影中对汉奸"因性生情"，而是不甘心刺杀失败，心存侥幸地决定深入虎穴，孤身杀敌。于是她继续与丁默邨虚与委蛇，暗中身藏一支勃朗宁手枪，准备伺机下手，但她哪知丁默邨早已布下罗网，等她上钩了。因此在第三天当郑苹如驱车到司菲尔路76号要见丁默邨时，就被丁的亲信林之江给扣住，她被关进76号的囚室。

郑苹如只承认暗杀丁默邨是因为她不甘被玩弄，是为情所困而雇凶杀人，此事一时成为当年上海滩重大花边新闻之一。丁默邨虽然恼恨郑苹如参与对自己的谋杀，但又着实迷恋她的美色，因此他并没想要置她于死地，只是想关她一阵子，再把她放出来。但丁默邨的老婆赵慧敏却悄悄找到林之江，并对他面授机宜。郑苹如被暗中移解，连丁默邨与李士群都不知道。

抗战时期，郑苹如未婚夫在公园为她拍的照片

汪精卫的夫人陈璧君曾对郑苹如晓以生命无常之理，劝她投靠日伪政权，但郑苹如不为所动。后来，他们又以苹如为人质，要挟其父亲，希望他出任汪伪政权的司法部长，郑英伯以自己有病在身毅然拒绝。

汪伪政府的首脑人物恼羞成怒，对重庆当局不择手段暗杀己方大员非常恐惧恼恨，一致主张非杀郑苹如不可。虽然丁默邨余情未了，颇有怜香惜玉之心，并不一定欲置郑苹如于死地。但他被政治对手抓住了把柄，已经颇遇攻讦，也无力救郑苹如。

1940年2月，汪伪政权卜达了对郑苹如秘密执行枪决的命令。在

郑苹如恋人王汉勋的照片

一个星月无光的晚上，由林之江担任行刑官，押着她到沪西中山路附近的荒郊旷地上执行。解押她上车时，讹骗她是解赴南京，不久即可开释。等到抵达中山路附近的荒郊要她下车时，郑苹如已经知道这里将是她的殒命之地。她依然态度从容，下了车，仰着头，向碧空痴痴地望着，叹了一口气，对林之江说："白日青天，红颜薄命。你我有数日相聚之情，今若同去，亦不为晚。若君无意，则有死而已。唯勿枪击我面，坏我容貌。"

林之江对此一代红颜，竟至手颤心悸，下不了毒手，他背过脸，指挥他的卫兵上前。枪声起伏，郑苹如连中三枪，血溅荒郊，一位温婉贤淑的女子就此为国捐躯，年仅 22 岁。

郑苹如以身报国的内幕，在很长一段时间内不为外界所知，郑苹如本人则被诬陷为"迷恋汉奸情人"，死后一度备受谴责。而事件最终真相大白，郑苹如是舍命除奸的女中豪杰，所谓巾帼不让须眉，这一奇女子的爱国壮举，为敌后抗战史留下了精彩的一笔。

不愿以出任伪职而保释女儿的父亲郑英伯，听闻女儿死讯后一恸成疾，于 1941 年初抱恨而终，但无遗憾。郑苹如的弟弟郑海澄毅然回国抗日，驾机与日寇搏击于长空，他在保卫重庆的空战中壮烈牺牲。

郑苹如的未婚夫王汉勋，是郑海澄的空军战友，是国民党中航校二期的高材生，毕业后选赴意大利进修，回国后成为国民党空军两个攻击中队其中之一的中队长。1939 年春，身在成都基地的王汉勋两次写信，约郑苹如赴香港结婚，但此时郑苹如已是中统成员，身不由己。两人相约抗战胜利后再步入婚礼殿堂。出师未捷身先死，这对恋人为了抗战先后倒下。1944 年 8 月 7 日，王汉勋在衡山执行军事任务时牺牲，时为上校大队长。如今，郑海澄、王汉勋的名字都镌刻在南京航空烈士公墓的纪念碑上。郑苹如将亲情、爱情都奉献给了抗战事业。蒋介石为其母题词"教忠有方"。

蒋 英

琴瑟和鸣，美丽人生

蒋百里与夫人左梅

　　蒋英与钱学森青梅竹马。钱学森生于1911年，蒋英生于1919年，两人相差8岁。钱学森的父亲钱均甫与蒋英的父亲蒋百里早年是密友，后同赴日本求学。钱均甫日后成为著名教育家，而蒋百里日后成为著名军事家。

　　蒋百里是近代著名的军事理论家，身为陆军上将，同时还是徐志摩的密友，西方美术史专家，蒋纬国曾是他的副官。日本军界有个说法，一个蒋百里两次打败了日本陆军。第一次，是蒋百里在日本士官学校毕业，轻松夺魁，把代表第一名的日本天皇佩剑带走。第二次，日本发动

倾
城

蒋百里与日本妻子左梅及女儿们合影

侵华战争，蒋百里提出了持久战思想："胜也罢，败也罢，就是不同它讲和！"日军终于陷入中国泥沼式的持久战中不能自拔，直到战败。

　　钱学森是家中的独子，他父母十分盼望有个女儿。而蒋家有 5 个女儿，钱家见三女蒋英长得漂亮，天真活泼，就恳求蒋家将她过继给他们。这得到了蒋家的应允，于是蒋英过继到钱家，一度改名为钱学英。由此，钱学森和蒋英一度以兄妹相称。蒋英是中日混血儿，其母原名佐藤屋子，曾是护士，与蒋百里结婚后改名为左梅。

　　一次，在两家的聚会中，钱学森和蒋英共同唱起了《燕双飞》，

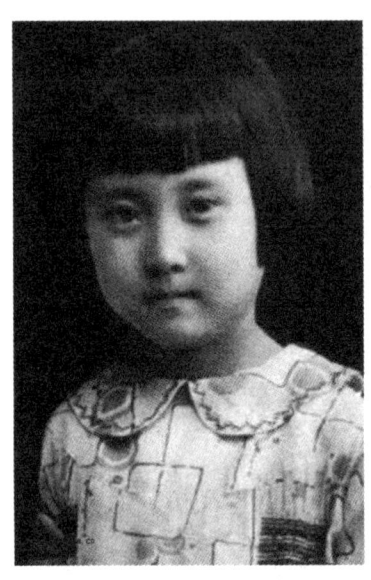

童年时的蒋英乖巧可爱

唱得 4 个大人都大笑不止，这预兆了钱学森和蒋英日后结为伉俪。过了一段时间，蒋百里夫妇思念蒋英，提出带她回家，这得到了钱家的应允，但条件是蒋英将来再回到钱家做儿媳妇。蒋百里夫妇满口答应："好啊，门当户对，我们赞成。"

　　1935 年，时年 24 岁的钱学森出国前夕，蒋英随父母到钱家去看望他。这时蒋英 16 岁，亭亭玉立。钱学森很喜欢这个爱说爱笑的小妹妹，曾经亲昵地对蒋英说："你的笑声特美，你能保持下来吗？"蒋英调皮地反问道："为什么？"钱学森坦诚地说："因为，没有什么比快活和

倾
城

298

钱学森与蒋英的结婚照

清纯更可贵的了。"这天，蒋英特别高兴，为钱学森弹奏了莫扎特的 D
大调奏鸣曲，钱学森听得如痴如醉。她还送给钱学森一本唐诗，钱学森
把它当作珍贵的礼物带到了美国。随后，蒋英也前往德国学钢琴，后则
转到比利时学习演唱，并在 1946 年回国，还举办了自己的演唱会。

　　有人不知蒋英已"名花有主"，还乱点鸳鸯谱。二战爆发以后，
蒋纬国奉命从欧洲回国，路过比利时的时候就有人给他和蒋英牵线做
媒。但是蒋纬国当时想到自己回国后要进入军队基层，凶多吉少，怕
连累别人，就没答应。后来听说蒋英是个共产党，蒋纬国庆幸说："幸

好我当时没有答应别人替我说媒，否则蒋家因此出了一个共产党，可是一件不得了的事。我当时一心一意要做一个职业军人，急着赶回国内参加抗战，便逃掉了男女关系的一劫。"这可能是蒋英与钱学森婚恋的唯一插曲。

钱学森和夫人蒋英的结合，既有着青梅竹马之情，也囊括了激情、亲密与承诺，真可谓是天造地配的一对。1947 年，钱学森回国，重提婚事，两人心有灵犀，于旧历七月初七这个中国情人节在上海喜结良缘。婚后，两人共赴美国。钱学森担任美国加州理工学院喷气推进中心主任。

在美国期间，蒋英英语一时还未过关，钱学森就抽空教她，还不时用英语说一些俏皮话，逗得蒋英大笑。谁都不会想到，大科学家钱学森还烧得一手好菜。蒋英对上门拜访的朋友说："我们家钱学森是大师傅，我只能给他打打下手。"钱学森则开玩笑说："蒋英是我家的童养媳。"

1950 年 8 月，钱学森一家准备离美回国报效祖国。美国有个海军将领金布尔说："钱学森无论走到哪里，都抵得上 5 个师的兵力，我宁可把他击毙在美国也不能让他离开。"美国政府竟以莫须有的罪名扣留了他们长达 5 年之久。在这段灰暗的日子里，钱学森吹竹笛，蒋英弹吉他，两人共同以音乐来排解内心的寂寞与烦闷。蒋英坚持和钱学森共患难，她说："你的决定是正确的，我永远伴随在你的身边！"

经多方努力，1955 年 9 月，钱学森终于冲破重重阻力回到祖国。蒋英在中央音乐学院任教，是权威教授、著名音乐教育家，是国内顶级的德国古典艺术歌曲专家。她不仅自己桃李满天下，还使丈夫也得

倾城

到音乐熏陶。钱学森口服心服地说："蒋英给我介绍的这些音乐艺术里包含了诗情画意和对人生的深刻理解，使我丰富了对世界的认识，避免死心眼，想问题能够更宽一点、活一点。"

蒋英的个性突出地表现在她不喜欢别人称呼、更不自居"钱学森夫人"，"我自己就是艺术家、声乐教授"。尽管有好几次迁居到"部长楼""将军楼"的机会，他们却主动放弃了，始终住在已经住了40年的老楼里。有媒体用"倾城倾国""貌若天仙"形容蒋英的容貌，确非诨辞。

蒋英与钱学森相濡以沫，两人用一生的爱坚守了对彼此的承诺。

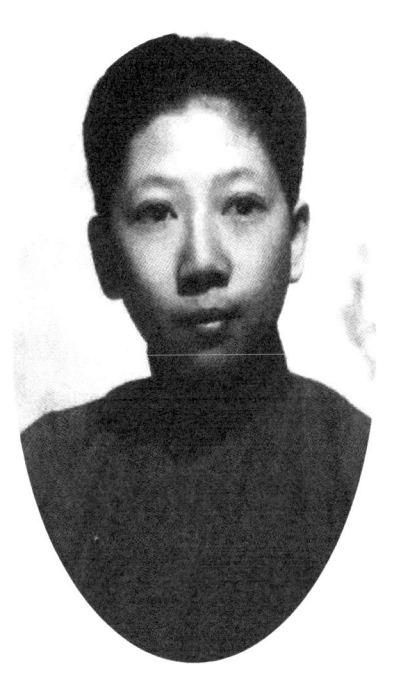

孔令俊

『混世魔女』的情结

1919 年出生的孔令俊，又名孔令伟，是孔祥熙的次女，人称"孔二小姐"。她从小活泼好动，上小学时，喜欢和男孩子玩，打架、斗嘴，撒野成性。10 岁出头，她就学会射击，13 岁即会开车。孔二小姐不着女装，留大背头，或西装革履，歪戴礼帽；或商贾打扮，口叼雪茄；或一身戎装，像个军官，令人莫辨雌雄。有人称她为"混世魔女"，与"稀世奇女"蓝妮、"旷世才女"张爱玲、"惊世怪女"陈璧君并称"民国名门四女"。

孔令俊 15 岁便敢独自开车上街，横冲直撞。警察上前训斥了几句，孔令俊掏出枪来就打。可怜那警察中弹身亡。孔祥熙令人给警察的家属送了一笔抚恤金了事。孔令俊依旧没事人似的，照样开车在大街上乱转。后来在南京流行一句话："你不要神气，小心出门碰上孔二小姐！"

孔令俊自尊心和个性都极强。觉得为什么只能男人嫖女人，女人就不能嫖男人？女人就不能嫖女人？她最崇拜的是武则天，一心想做一个不受任何约束、我行我素的女强人。她常对她的随从说："男人没一个好东西，女人天生也贱，为了几个臭钱就让男人胡折腾，还恬不知耻地说什么爱呀情呀，我要把这颠倒了的一切颠倒过来。"这种畸形个性被一味地姑息放纵，引发了一系列荒唐事情。

据传在重庆时，范绍增本来想联络孔家，派他的一个姓邓的姨太太去给孔令俊介绍男朋友，结果邓姨太自己赔了出去，成了孔二小姐的女朋友，还很得宠了一阵子，闹得满城风雨。邓某病逝后，孔令俊不但和某官员太太葛某同居，俨然夫妇，还要"纳妾"。为此，她经常出入酒吧舞厅，看中了漂亮的女孩，就想方设法接近，或托人去当

倾
城

孔令俊穿长衫戴礼帽，与两位姨母和父亲孔祥熙在一起

说客。还有一种说法，"新欢旧爱"不断的孔令俊是为了帮父亲"找女人"，才被误认为是"同性恋"。

虽说孔令俊成天疯疯癫癫、女扮男装，但她毕竟不是男的，当时的女人找个可靠的男人才是正当的归宿。可孔家子女的婚姻没有一个让孔祥熙、宋蔼龄满意的。孔令仪找了个乐队指挥的儿子，门不当户不对。孔令侃找了个半老徐娘，更是荒唐。

1942年，终于有了一个令孔氏夫妇都满意的人选，就是陈立夫推荐的当时被称为"西北王"的胡宗南。胡宗南祖籍浙江孝丰，是黄埔军校第一期学生中的佼佼者，当时已升任第八战区副司令长官，统辖多个集团军。胡宗南在家乡曾娶过一个妻子，后来官运亨通，飞黄腾达，便把糟糠之妻休了，虽没少拈花惹草，但毕竟是个"钻石男"。

再说孔令俊虽然热衷于"同性恋"，但并非不想尝尝异性的滋味，只是天下男人没一个她看得上的。听说胡宗南后，她也颇动了动心。胡宗南虽说大她十几岁，但毕竟刚刚 40 出头，年轻有为，在同龄的国民党军官中，最受蒋介石的赏识，所以她就答应了这件事。

胡宗南听了陈立夫的介绍后，心里有几分欢喜。孔祥熙是中国最大的财神爷，不仅和蒋介石连襟，在国民党政府中也举足轻重，尤其那位孔夫人宋蔼龄神通广大，做了他们家的女婿，等于给自己的前途加了双保险。

戴笠生怕胡、孔经陈立夫介绍结婚，会增强中统力量，对己不利，就派人告诉胡宗南许多"孔二小姐"的绯闻。胡宗南半信半疑，觉得要慎重从事。贸然拒绝，必定得罪孔府；轻易答应，则可能引个母老虎回家，自找苦吃。考虑再三后，电告陈立夫，近日军务繁忙，不便离开，要烦请孔二小姐大驾亲自到西安来一趟了。

孔令俊却没那么多心眼，心想只当作到西安玩一趟。胡宗南将孔令俊安排到华清池小住，但没有去迎接。胡宗南想先来个"微服私访"，看看孔令俊的真面目，然后再决定取舍。

胡宗南扮成记者采访孔令俊，被训斥了一番，憋了一肚子气。孔令俊给胡宗南的印象太坏了，举止粗俗，毫无教养，不男不女，目无一切，还摆着个臭架子。胡宗南心想多亏长了个心眼，没直接见面，

倾
城

时称"西北王"的胡宗南

这样的婆娘娶进来，还不得像姑奶奶供着？要是见了面再说不同意，就不好下台阶了。

胡宗南给陈立夫打了个电话，说军情紧急，个人的事只好暂时放一放。孔令俊虽说不通人情世故，但也不是傻子。大老远地从重庆跑到西安，就是为了和胡宗南见上一面。现在胡宗南突然说有紧急军务，纯粹是胡说八道，想哄小孩啊。孔令俊直接把电话打到胡宗南的司令部，对胡的参谋说，她这次来是见胡宗南的，如果胡宗南故意躲着不见，必须讲明原因，否则她就待在这儿不走。胡宗南被逼无奈，心中又

1987 年，穿西装的孔二小姐与宋美龄、孔令侃在台湾
士林官邸合影

生一计，便叫部属给孔令俊打电话，说两天后亲自到华清池向孔令俊
道歉。

两天后，胡宗南带着两个贴身卫士来到华清池。这次他一身戎装，
腰扎武装带，手带白手套，肩挎左轮手枪。孔令俊也学乖了，身着套裙，
脚穿高跟鞋，头上和脖子上洒满了香水。胡宗南故意装出粗鲁木讷的
样子，和孔令俊的故作多情形成鲜明的反差。胡宗南提议到外面边走
边聊，孔令俊便随胡宗南沿着山路攀援。孔令俊平时以车当步，也很

倾
城

少穿高跟鞋，走了不一会儿便磨出了血泡，疼痛难忍。她提出能否休息一下，胡宗南说当然可以。可在那山上，既无椅子可坐，又无水可饮，孔令俊只能坐在一块冰凉的石头上。胡宗南在一旁说，当兵就得吃苦，打起仗来几天几夜吃不上饭、睡不着觉是常有的事……丝毫没有怜香惜玉的表示。

孔令俊对胡宗南没留下什么好印象，既没风度又没情趣，说话办事像个木头桩子，一点不知道拐弯。特别是明知道孔令俊走不惯山路，还一个劲地往上爬，说些什么当兵吃苦的鬼话。她觉得要嫁给这么一个只知道打仗吃苦的土老帽，还不如找个温顺体贴的小白脸。于是，由陈立夫牵线、孔家和胡宗南都做了精心准备的"联姻"就此结束。从此孔令俊再没有和任何男人正式谈过恋爱，更不要说结婚。

戴笠看到胡、孔联姻流产，很是高兴。为了拉拢胡宗南，戴笠将自己的"贴身秘书"叶霞翟介绍给胡。胡宗南很快迷恋上叶，谈了几年恋爱后结婚。

孔令俊阴阳怪气，很多人讨厌、回避她，但宋美龄却对她宠爱有加。宋美龄觉得孔令俊敢作敢为的性格特别可爱，似乎可以弥补自己个性中的不足。所以当孔令俊和胡宗南的相亲失败以后，宋美龄就把孔令俊认作干女儿，视如己出。

孔令俊的婚结不成，就决心学习武则天，"弄权干政"。她觉得女人要想成就大事，就必须抛弃儿女情长。所以，她当着宋蔼龄、宋美龄的面发誓终身不嫁，她发誓要在政治上有所作为，后来还在上海开了个公司，自任总经理，专门干投机倒把、套汇走私的勾当，大发国难财。

国民党败退后，孔令俊在美国混了一阵，就又返回台湾，隐居在干妈宋美龄身边。1975年在蒋介石的葬礼上，人们发现搀着宋美龄出现的孔令俊竟变得循规蹈矩，但仍孤身一人。

蒋家儿孙一个个逝去，晚年的孔令俊一直陪伴在宋美龄身旁，两人相依为命。孔令俊终身未婚，逝于1994年。

乱世中的爱情长跑

叶霞翟

胡宗南没看上孔二小姐，胡、孔联姻流产。戴笠很是高兴。为了拉拢胡宗南，戴早就想将自己的秘书叶霞翟介绍给胡宗南，此时正是该打出这张牌的时候了。戴笠在胡宗南面前再次提到叶霞翟，将胡宗南带到美好的回忆之中。

　　叶霞翟，1913 年出生，笔名叶苹，浙江松阳西屏镇人。1929 年，省立处州初级中学师范讲习科毕业后，在松阳县立成淑女子小学任教。1931 年，考入浙江大学农学院，后转浙江省警官学校，因长得漂亮，是公认的"校花"，又写得一手好字。戴笠对年芳 19 岁、青春靓丽的叶霞翟印象很深刻，后用作机要秘书，随侍左右。

　　胡宗南与戴笠颇有私交，常有来往，与叶霞翟因而相识，为其美貌所动心。叶霞翟早在杭州读书时，在朋友那儿看到过胡宗南的戎装照片，被这位 30 岁就当上师长的黄埔一期高材生的飒爽英姿所吸引，现见其人，十分高兴。精明的戴笠看出两人的心思。有次，戴笠推托公务繁忙，让叶单独陪侍胡宗南。不久，胡宗南落入情网不能自拔。叶霞翟将感情渐渐转移到胡宗南身上，两人开始谈婚论嫁。胡宗南送给叶霞翟一只手表作为订婚之物。

　　胡宗南多次对人说，不打走日本人，绝不结婚，于是两人的婚事就推迟下来。1939 年，叶霞翟从上海光华大学毕业，戴笠将她保送到美国留学，并对胡宗南说是为他培养合格的妻子。叶到美国留学后，与胡宗南保持着书信联系，互诉爱恋，情意绵绵。

　　胡宗南一直不肯结婚之事，引来一些议论。有人称他是男子汉大丈夫，先国后家，可敬可佩。有人说他是装模作样，哗众取宠。还有人认为胡宗南生理有毛病，也有传言说当初胡宗南在成都华西医科大

倾城

叶霞翟与胡宗南

学治疗牙病时，与一女医生有染。胡、叶的婚事也曾出现危机。

　　1944 年，结束在美国乔治华盛顿大学政治系、威斯康星大学研究院学习，获得博士学位的叶霞翟回到国内，先后任成都光华大学、金陵大学教授，与胡宗南久别重逢。当时由于抗日战争正处于关键阶段，胡宗南一直没有机会考虑婚娶大事。婚期也是一拖再拖，作为"媒人"的戴笠也于 1946 年 3 月坠机身亡。

　　关于叶霞翟是戴笠的"情妇"之说，其实未必。叶霞翟虽是特工出身，但基本上没有做过情报工作。戴笠虽然好色成性，但未必与每一个女人都有染。戴笠还曾为中国银行副总经理贝祖诒的长女做过媒。胡、叶两人是有感情基础的，这从他们的交往及婚后生活中能够看得出。

1947年3月19日，好大喜功的胡宗南"攻占"延安。蒋介石得到报告后，将他由中将晋升为二级上将。5月25日，胡宗南喜不自胜，感到功成名就，奉召到了南京，面见蒋介石之后就提出要结婚的请求。蒋立即允准，并送上了一份厚礼。胡宗南给叶霞翟打了个电话，表示要立即与叶霞翟结婚，实现官场与情场的"双喜临门"。

胡宗南随即带叶霞翟飞返西安，择日在西安南郊的兴隆岭别墅举行了婚礼。胡宗南高兴得亲自动手，粉刷墙壁，别人要帮忙，他拒绝道："这是我自己的事！"52岁的胡宗南终于当上了新郎，新娘叶霞翟虽然已经30多岁了，但依然是风姿绰约，光彩照人。

兴隆岭别墅原是张学良的住地，室内陈设豪华舒适。因为正是战时，胡宗南怕张扬，婚礼比较简单，只有几个老友参加。虽然是大喜的日子，但胡宗南却无法真正做到高歌畅饮，因为找不到毛泽东的下落，他便无法向蒋介石交差。一想到这些，愁云就爬上了他的眉梢。酒宴上，主婚人、证婚人一再向他祝酒，他却没有什么兴趣，端起酒杯礼节性地在唇边碰一碰。婚后第三天，寝食难安的胡宗南即告别新娘，飞往延安。随后叶霞翟也回到了南京。

随着蒋介石在全国各地战场的败退，胡宗南又连续打了几个败仗，不得不退守关中、西安一线。1949年1月20日，蒋介石迫于全国战场形势，宣布下野。1949年，蒋介石败退到台湾，胡宗南这个昔日的"西北王"也逃往台湾。蒋介石下令裁撤"西南军政长官公署"，调任胡宗南为"总统府战略顾问"。此时的胡宗南已是一个名副其

倾
城

1949 年，胡宗南与夫人叶霞翟在重庆

实的光杆顾问了。

叶霞翟去台湾后，全家 6 口人的生活全靠胡宗南支撑，叶霞翟时常为钱发愁。无奈之下，叶霞翟靠写文章赚稿费补贴家用。她第一次投稿未中，接到退稿信，非常沮丧，还哭了一场。但她是一个非常好强的人，她再写、再被退，终于有一天，她的文章上了报，稿费来了，家中的生活也暂时得以改善。

1953 年 8 月，胡宗南奉命进入台湾"国防大学"学习。1954 年 2 月，胡宗南从"国防大学"毕业。但他仍没有实际职务，在家赋闲读

叶霞翟与胡宗南的全家福

书。这年的 10 月，妻子叶霞翟又为他生下第二个女儿。胡宗南年已近
60，老来得女，他十分高兴，成天在家陪妻教子。

1962 年旧历除夕之夜，胡宗南一家 6 口团聚一堂。夫人叶霞翟近
年不断在报刊上发表文章，著述颇丰，成为台湾知名作家。孩子们也
都聪明活泼，好学上进，这使胡宗南十分欣慰。胡宗南与夫人和孩子
们度过了最后一个春节，大年初一，家里人来客往，胡宗南也乘兴前
往多年没有走动的老朋友家里拜年问候。

到了正月初三，胡宗南觉得身体坚持不住了，住进了医院。蒋介石、

倾
城

蒋经国先后前来看望，令胡宗南感激涕零。2月13日，胡宗南精神很好，晚上9时还吃了半个苹果，与夫人聊了一会儿家常，然后入睡。凌晨3点多钟，胡突然惊叫数声，一手高举，便昏迷过去。医生急忙抢救，夫人叶霞翟闻讯急率子女从家中赶来。胡已不能言语，进入弥留状态。14日，胡宗南的心脏停止跳动，终年67岁。

叶霞翟热衷教育，筹办中国文化学院、任台湾省立台北师范专科学校校长、赴夏威夷东西文化中心和夏威夷大学研习特殊教育、当选国民党"十大""十一大"中央委员。1980年，从台北师专退休，专任文化大学家政研究所所长。

1981年叶霞翟去世，她的墓碑上刻下了这样的字"永不低头的女性"，她的墓就在胡宗南墓的下边，他们夫妻两人终于获得了永远的安宁。

后记

　　十年前，《民国名媛的婚姻大事》初版。不知不觉间，十年的时光如白驹过隙。书中所写的名媛，绝大多数已随岁月的长风消散在尘世，但民国这个特殊的历史年代里所发生的爱情与婚姻故事，依旧是今天的读者们所热衷探讨的话题。为此，编者重新对旧稿进行编排整理，订正了此前的一些谬误，也增加了一些新的篇幅，进行再版。

　　其实，随着中国近代史研究者的研究推进，大量新的史料被发现，再版本书时，原计划编辑增加更多的民国名媛婚恋故事，以满足广大读者更多的涉猎需要；但考虑到本书的整体篇幅以及最初的定位，以求能供读者朋友们在茶余饭后轻松阅读，遂放弃了一些新的篇章。当然，书中这些名媛的婚恋往事，随着当事人的离去，以及众多后人回忆的莫衷一是，也并不一定是历史公论，只能当成是可能发生过的故事来阅读。由于资料搜集的限制、时间的仓促以及水平有限，如有失实之处，敬请谅解。

　　每一个时代的婚恋都带有当时政治、经济、文化、社会等诸多因素的烙印，都有着不尽如人意的烦恼与困惑，如何在有限的时空中正确选择自己的配偶，如何过好这短暂而宝贵的一生，值得我们每一个人去认真反思与探索。皇帝的女儿也愁嫁，名媛的婚恋爱情也不一定尽善尽美。以人为鉴，可明得失。读完这些逝去年代里的名媛婚恋故事，多少可能为今天的我们敲响一声人生警钟。和平与富足的新时代来之不易，自由而平等的爱情与婚姻更是不易，唯愿在婚恋之路上的所有有情人，能够珍惜拥有、一生幸福！

编　者

2020 年 7 月

倾城